外语不用「学」

以张博为例

U0661968

本书

特别致谢

在我成长的每一步都扮演了不可替代角色的

我的父母

特别是

我的母亲

赵惠娟同志

正因为有她

才有了后面的每一页……

外语，是用来成长的。

GROWTH

RELAXATION

外语，是用来爱好的。

外语，是用来文艺的。

外语，是用来激励他人的。

DEDICATION

英语名师魅力课

主办单位：

办单位：   发展研究

                        街道教

术支持：华   教育研究

外   心

                        英文

中   南海

外语，是用来看世界的。

SEE THE WORLD FROM NOW

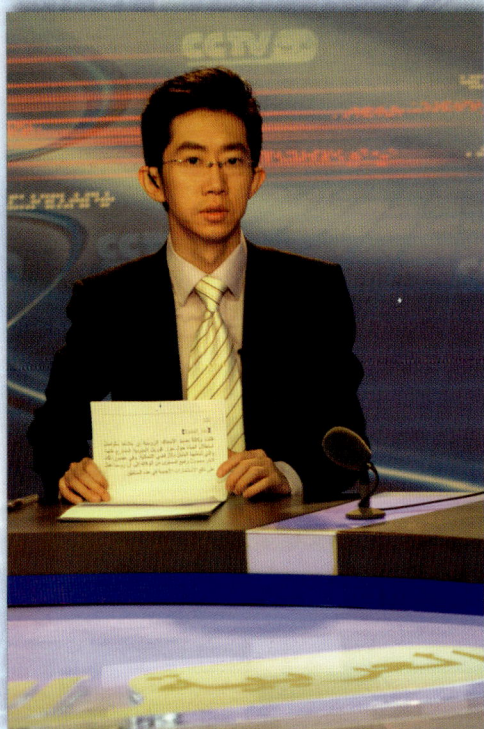

外语不用"学"

——以张博为例

张 博 ◎ 著

中国出版集团

中译出版社

图书在版编目（ＣＩＰ）数据

外语不用"学" / 张博著. -- 北京 ： 中译出版社，
2017.12（2018.5重印）
ISBN 978-7-5001-5466-2

Ⅰ．①外… Ⅱ．①张… Ⅲ．①外语－学习方法 Ⅳ.
①H3

中国版本图书馆CIP数据核字(2017)第290738号

出版发行 / 中译出版社
地　　址 / 北京市西城区车公庄大街甲 4 号物华大厦 6 层
电　　话 /（010）68359376，68359827（发行部）　68359719（编辑部）
传　　真 /（010）68357870
邮　　编 / 100044
电子邮箱 / book@ctph.com.cn
网　　址 / http：// www.ctph.com.cn

总 策 划 / 张高里
特约策划 / 许　林
策划编辑 / 刘香玲　王克蒙
责任编辑 / 刘香玲　王　梦　王博佳

封面设计 / 张　博　胡小慧
封面摄影 / 蔡　菲
印　　刷 / 保定市中画美凯印刷有限公司
经　　销 / 新华书店

规　　格 / 880 毫米 ×1230 毫米　1/32
印　　张 / 8.625　彩插 8 面
字　　数 / 210 千字
版　　次 / 2017 年 12 月第一版
印　　次 / 2018 年 5 月第二次

ISBN 978-7-5001-5466-2　定价：**50.00** 元

版权所有　侵权必究
中 译 出 版 社

目 录

序 言

张博何许人也 …………………………………………… 001

写在前面的话 …………………………………………… 003

我和外语那点儿事 ……………………………………… 006

第一章 致外语学习者 ………………………………… 021

别把外语当学问 ………………………………………… 022

发音很重要 ……………………………………………… 023

找寻外语嗓音 …………………………………………… 026

模仿是"捷径" …………………………………………… 027

语感是境界 ……………………………………………… 029

用外语思维 ……………………………………………… 030

单词不用背 ……………………………………………… 032

脑补语言环境 ……………………………………… 033

一般考试无需准备 ………………………………… 035

兴趣是关键 ………………………………………… 036

勤奋 vs. 天分 ……………………………………… 038

捷径不存在 ………………………………………… 039

无意识习得 ………………………………………… 040

关于记忆 …………………………………………… 047

家长不懂英语　孩子怎样学习 …………………… 049

第二章　致外语爱好者 ………………………… 055

外语本该很好玩 …………………………………… 058

外语本身很奇妙 …………………………………… 062

把技能培养成爱好 ………………………………… 066

从爱好外语到爱好音乐 …………………………… 067

从爱好外语到痴迷RAP …………………………… 069

语言和音乐的关系 ………………………………… 075

爱好，代表一种态度 ……………………………… 077

专业地爱好 ………………………………………… 079

第三章　致外语专业者 ………………………… 083

何为专业 …………………………………………… 085

外语专业需要专业 ………………………………… 086

外语专业的人如何"学"外语 ················· **088**

专业功夫在专业外 ······························· **092**

如何平衡两门外语专业的学习 ··············· **094**

外语专业能够带给我们什么 ··················· **098**

我是怎么学的阿拉伯语专业 ··················· **101**

第四章　致外语参赛者 ·························· **109**

与"希望之星"的缘分 ························· **112**

十六载大赛，怎一个"情"字了得 ·········· **115**

一段优秀外语演讲的必备素质 ··············· **121**

关于参加外语演讲比赛的几点提示 ·········· **134**

关于语言比赛中的"风采" ··················· **143**

最佳语言材料：演讲稿 ························· **144**

第五章　致外语准从业者 ···················· **151**

"教""学""考""用"和"社会需求"的脱节 ··· **152**

外语：最佳敲门砖 ······························· **157**

从外语到主持——我怎么进的央视 ·········· **161**

对"主持人"职业的几点拙见 ··············· **169**

如何获得一份跟外语相关的好工作 ·········· **176**

如何保持和提高专业外语的水平与熟练度 ··· **180**

也许这些问题，正是你想问的

　　——外语学习有问必答 ·················· 187

安　可

有的人说从这首歌中看到了自己

　　——原创歌曲*Not A Rapper*歌词赏析 ·················· 206

据说只有1%的人能看完

　　——原创歌曲*Game*歌词赏析 ·················· 222

国人英语发音十大混淆 ·················· 238

国人阿拉伯语发音及读法错误汇总与纠正 ·················· 253

后　记

来，干了这碗豆腐脑

　　——"张"扬个性 "博"弈人生 ·················· 265

张博何许人也

他

掌握了全世界使用人数最多的语言——汉语

掌握了全世界使用范围最广的语言——英语

掌握了全世界被大多数人认为是最难的语言——阿拉伯语

他

不是英语专业毕业，但他曾玩转国内三大知名英语赛事

曾担任中央电视台《希望英语》节目元老级嘉宾、演员、比赛评委

他

是阿拉伯语专业毕业

并在大学期间主持了上百场学术比赛和文艺晚会

也在各类阿拉伯语比赛中斩获大奖，赴卡塔尔担任亚运会国际志愿者

他

是央视主播，用外语向世人传播着中国的形象与立场

经历了从央视英语大赛赛手，到央视阿拉伯语主播的华丽蜕变

他

还拥有多首外语原创歌曲

用机关枪般的说唱迸发坚定有力的精神和态度

又以温暖的声音沁人心脾

靠过人的天赋在音乐圈收获着独特的快乐

他

如何做到鱼和熊掌兼得，实现英语、阿拉伯语双丰收

如何做到将爱好与专业完美结合，在 24 岁实现儿时目标

他

凭着"两口"地道流利的外语，在多种身份中切换

在不同的道路上，享受着精彩的人生

他

从未忘记奔跑，因为一生前行的时间有限

愿意跑得更远

愿意和志同道合的你一起

学习、成长、镀金、增值，经历感动，学会感激，知晓感恩

他，是张博。

写在前面的话

本书写给想学外语的人
和外语爱好者
和有志从事外语工作的朋友
以及希望通过外语取得某种成绩
甚至获得成功的人士

恭喜您翻开了这本书。

首先，请问：您觉得本书的书名应该怎么读？

我的设计是：外语不用"学"，重音在"学"上。我之所以设计这个名字，是故意为了吸引您，让您无论在哪里看到它，都能将它拿到手里或至少将目光停留两秒。现在，请允许我做些解释说明。

个人认为，语言，是不用也不应该通过以"学"为内在导向的过程来掌握的。外语亦如此。当然，本书名中所指的"学"外语，是不包括语言学、翻译学、文学等语言专业研究范畴的。

换句话说，外语，不是"学"出来的，是"熏"出来的，是"练"出来的，是应该通过一系列符合语言规律的有趣过程掌握的。但这并不代表该过程可以免去努力和辛苦的付出，"熏"要持之以恒地熏陶，"练"要认真扎实地苦练。之所以想弱化甚至摒弃"学"外语的概念，是因为看到太多同学，甚至是外语系学生，把语言当作一门科学去学习。因为没有摆正"学习外语"和"练习外语"以及真正"掌握外语"的关系，所以导致了"重应试、轻听说"的做法，也造成了外语学习过程中多年来被误会的"背单词、学语法"的说法，更糟糕的是，丢失了外语学习过程中最重要的一大动力——兴趣。

其实，中国人学外语，绝对是老生常谈。貌似从 20 世纪 80 年代我记事起，一代代人的教育，就一直伴随着"如何学外语"这个亘古不变的话题。无数的培训机构、漫天的学习方法、繁多的门槛考试……这些，对于语言水平的实际提升，效果如何呢？从小到大一直"学外语"，结果又如何呢？

让我更加不解的是，中国人在一个鹦鹉学舌级别的学习过程中，创造着各种舍近求远、旁门左道的方法，一部分人骗着人，大部分人求着虐，全民动员，乐此不疲……怎么做到的呢？

回到个人，我很幸运，我学得早。但是光早没用，关键是方法对了，也用功了。

看到这里，请您不要埋怨自己比我起步晚，或是说我站着说话不腰疼。在语言学习上，人人平等，没有起步早晚之分、基础薄厚之别、天赋悟性之差，只有你到底想不想学，方法对不对路，努力够不够多。

我写这本书的目的有三。一是为了给那些在外语学习之路上晕头转向的朋友们提供某些方向上的可能性；二是与喜欢外语的朋友们分享一些个人学习成长方面的粗浅体会；三是以个人的名义，证明在中国的"土鳖"不靠出国，仅靠自己，照样能学好外语，照样能在语言技能的层面取得一些令人满意的成绩，并用外语与全世界对话，向世界传递中国声音。

在本书中，我会尽可能地详述外语在我人生各个阶段中所扮演的角色，供您借鉴与批判。毫不夸张地说，截至现在，我每迈出的重要一步，都和外语直接相关。

本书共分五个篇章，分别写给跟外语有关的五种人，而这每一种人，都是或曾是我本人的属性。我绝不想树自己为榜样，因为任何人的个人经历均有特殊性，不具备复制价值，更别说自己还离"成功人士"的标签差着太远的距离。但我希望自己的一些属性与经历，能作为一个在现代社会依靠个人努力取得突破、获得长足进步，甚至实现人生价值的正面案例。特别的，致那些在外语学习或外语专业之路上求索的大小伙伴们。

书中一切和外语有关的论调，都是我个人多年的小发现，不一定是外语学习的统一或唯一标准。方法分享给需要的人用，话讲给明白的人听。

书中所有事件完全属实，并无丝毫夸张。如有雷同，纯属同样优秀……

我不希望您读完这本书后的反应是说出"好厉害"，而是"我也行"，或是"微微几笑"，深表共鸣。

我们开始吧。

张 博

2017 年 4 月 21 日

我和外语那点儿事

我生于 1985 年，1990 年开始接触外语。接下来，我将按照年份编排的时间顺序，给各位尊敬的读者讲讲我和外语的那点儿事。您要是有兴趣看本书的后续内容，还请先了解一下这几年我都干了点儿什么吧。

1990—1991年
学龄前，跟随《玛泽的故事》进入英语世界

我和外语的第一次亲密接触是在我五岁的时候。

（如果此时你的脑海中飘过 "When I was five, that was a period of time when I was a little quiet…" 这句话，我感谢你，你是真爱粉啊！）

1990 年 3 月的一个周日，父母带我去朋友家做客，其间无意中一起收看了当时中央电视台一套播出的一档名为《玛泽的故事》（*Story of Muzzy*）的儿童电视英语教学节目。它讲述了一个名叫玛泽的外星人来到地球，和地球上一个王国里的小伙伴们之间一系列有

趣的经历。

我和父母朋友的孩子一起看完了一集节目,之后回到家里,依然对节目的内容念念不忘。而几天之后,我的母亲在书店里偶然看到了这个节目的配套教材——四盘磁带三本书。母亲买了一整套,作为五周岁的生日礼物送给了我。从此,我开始在每周日上午节目播出的时候,跟着当时的主讲人许戈辉津津有味地"学"了起来,并用各种腔调扮演着动画片中的国王、王后、公主、花匠和玛泽等角色,模仿着他们的对话。

没有任何逼迫,只有正确引导;没有任何学习的味道,只有潜移默化的熏陶。加之儿童本身对动画片的兴趣,以及对未知语言的好奇,让我在与外语注定绑定的道路上幸运地开了个好头。

兴趣当动力,不学也容易。

1992—1997年
参加英语课外培训班,五年"学垮"两个班

在我的幼年时代,给孩子报课外学习班的风气已经在中国蔓延。我的父母也有这个"良好"的教育意识,但是他们的做法更加优秀:他们会询问我对于每个课外班的兴趣,根据我的兴趣为我报名我喜欢的课外班。所以由着我的兴趣来的结果是,什么班都没上,因为我对他们询问过的各种琴棋书画班无一感冒。

直到小学二年级,我在放学的路上收到了一个英语培训的广告传单。回到家,我一改之前两耳不闻窗外事的"清高",向父母说出

了他们期待已久的话："爸爸妈妈，我想上这个课。"

我想，这都是"玛泽"惹的"祸"。

所以可以说，我是从小学二年级，开启了我在课外班的外语之旅。在接下来的两年中，班上的学生从一开始的六七十人，一直减少到只剩下两个人。最后的那节课，老师决定带领仅剩的这两个学生去见她大学时代的外教。第一次与英语为母语的人士"会晤"，我竟然发现自己能听懂的太少了，这使我深深意识到了交流的重要性。

小学四年级，我报名参加了第二个课外英语班。老师在第一堂课就给我起了 Gari 这个名字，并让我上台面红耳赤地作了一个自我介绍。这个培训班，我坚持到了小学毕业。同样的，因为能坚持的学生太少，老师没有继续办下去。

小学五年级，学校首次开设英语课，我被选为英语课代表，但因三次忘记课前在黑板上打英语字母格被英语老师当堂撤职，下课以后我号啕大哭，随即暗下决心，一定要把英语"学"出名堂。

现在回想起来，课外班的老师每次上课其实就是让我们听录音、读课文、练对话，还让我们上台去背诵比较有趣的段落，表演对话情景。也让我们接触了很多英语诗歌和儿童歌曲。但正是这种看似没有目的的"学习"，为我打下了朗读功力的深厚基础。因此，在某种程度上讲，学习的目的越纯，越不容易学好。

总结起来，这几年的"学习"，其实完全淡化了"学"的过程。感谢这两位课外班的老师——陈文兰老师和魏鑫老师，带我一起练习和享受这门外语。你们可知道，那些时光给孩提时代的我带来了多么大的快乐，给我今后的生活带来了多么大的改变。

减少目的性，日久生真情。

1997—2003年
中学六年英语课代表，六年讲台带读，日夜活在外语的世界

我非常感谢中学时代遇到的两位非常器重我的英语老师，初中的董光音老师和高中的王红老师。在"聋哑英语"横行的时代，她们各自给了我三年在讲台上发言的机会，让我从一发言就脸红的"胆小鬼"，一步步进化到讲台上的"人来疯"。她们太牛了！

当然，上了中学的我逐渐意识到自己的朗读能力虽然很强，但是交流能力相对较弱。这时候我并没有再参加任何课外班，所以除了在学校英语课上跟着"熏"之外，我给自己当起了老师。

我是一个超级传统的人，中学时代的语言学习基本来自英语书籍、报纸和杂志，在高中又开始收看央视英语频道的节目，以及当时风靡一时的，在中央电视台十套播出的《希望英语》。

每天，如果不看一点儿英语读物，我总觉得缺点儿什么。而在假期里，我每天沉浸在各种英语书籍和录音带中的时间少说也有八小时。我依然记得，在这期间，我点按录音机的"播放"和"暂停"键按得手指都肿了，并且生生用坏了两台录音机和一台复读机。

那么问题来了：你其他科目的学习成绩怎么样？你平时是怎样安排学习英语和其他学科的时间的？

先回忆一下第一个问题的答案。我高中时代学的是理科，虽

然现在我经常在算不清账的尴尬时刻说:"I don't think I have a mathematical brain."。但必须承认,我的理科成绩还算是名列前茅的;至于文科,也不存在明显的偏科现象(相当客观和准确的评价)。英语成绩也不必自吹自擂了,告诉各位一条真理:口语好的人笔试差不到哪儿去。

请关注第二个问题的答案:我从不安排英语学习时间。以前是,一直是,现在更是。换句话说,"学英语"对于我来说就像喝水、吃水果、看电视、听音乐一样,是随时随地,随心所欲的行为。我想你不会每天早晨把各个时段要喝多少水、吃几个苹果、几个橘子和听几首什么样的歌曲都列个清单出来吧?

当我做数学题感到累了的时候,去读英语喽!

当我背政治题觉得烦了的时候,去读英语喽!

当我由于学习压力大而难以入睡的时候,去读英语喽!

当然,一般这时候我就更睡不着了,因为越读越精神。记得有一个老梗说过:你若睡不着,请看英语书。但在我这里不适用,对于我,看英语书怎么能睡得着?

我父母不懂英语,我没有外国朋友,我没有语言搭档,我家没有电脑和网络,我没去过英语国家。我只能把自己的声音录下来听,一遍遍用复读机和 VOA 那些美国播音员的发音作比对。我在上体育课跑圈的途中还在练着英语绕口令,我在骑车上下学的路上嘴巴就没有停过,以至于撞了车还要把没背完的那半句说完才扶起车子……我去各种英语沙龙和英语角参加活动,我多次去大学的阶梯教室里旁听语言大课,我到处混免费试听的英语讲座,然后我把学到的东西在英语课上哐哐往外倒，我在学校广播电台的英语节目里随心所欲地说着……我没想"学"得多好，我只是觉得英语给我的世界打开了一扇不一样的窗户，让我看到了不一样的光芒。

记得高三有一天晚饭时，我爸问我，你怎么说汉语这么费劲了？我说我也不知道。练英语练到了说中国话都生硬的地步，实情就是这样。

语言靠实践，方法加苦练。

2002—2003年
央视"希望之星"，开启外语竞技时代

应该说，中央电视台"希望之星"英语风采大赛，开启了我用外语演讲的时代，是让我的外语走上康庄大道的一个里程碑。

2002 年，我凭借一盘录音带进入了第三届"希望之星"英语风采大赛全国总决赛（因为当时河北没有分赛区，只能通过寄送录音带的方式参加，据说当时从 6000 多名寄送录音带的参赛人中选出了四人），最终获得了优胜奖和"机智灵活"单项奖。

2003 年，我以河北省中学组总冠军的身份，进入了第四届"希望之星"英语风采大赛全国总决赛，最终获得全国第五名，拿到三等奖。

后来我上了大学，在校内外延续着这个"初生牛犊不怕虎"的竞技时代。在这个时代中，我参加了很多外语比赛，虽然始终没有拿到过任何一个比赛的总冠军，但是，作为赛手的种种经历难以忘

怀。可以说，这段以赛手身份生活的时段，是我人生中最值得回味的一个黄金时代。

用外语比赛，没理由不来。

2003—2007年
四年大学时代，英语、阿拉伯语并行，同时"混迹"《希望英语》

当时的我并不知道，大学四年，会又一次改变我，又一次给我感动，教会我感恩。

2003年，我考取了北京第二外国语学院（下方简称二外），遇到了阿拉伯语。

阿拉伯语，比我想象得难学，难太多了。所以，同英语一样，我并没有去"学"它。我只选择我喜欢的部分，强化自己的阿拉伯语口语。我想，在某种意义上讲，我并没有把阿拉伯语当作我的专业去"学"，而是当作一门手艺去"练"，一项才艺去"玩"。

另外，有人说我"给点阳光就灿烂"，我会说，"二外"就是一个阳光普照的地方。或者说，如果我是一条鱼，"二外"就是一片海。

刚上大学，我就得到学校的英语演讲协会推荐，主持了在"二外"举办的首届首都高校英语演讲比赛的决赛。由于主持比赛的成功，我开始被邀请去主持各种大小文艺晚会。而在这之前，我根本不知道我还具备主持的技能。

所以我很享受这种没有规律坐标的生活轨迹，我从上台前紧张到呕吐，慢慢竟做到了把舞台当家。

每次无论上台之前的心情是好是坏，只要脚步一踏入晚会现场的大门，耳朵听到里面演职人员的排练声音，眼睛看到舞台上忽明忽暗的追光，手中握起专用的一号话筒，便进入了另一种完全不同的状态……这种状态是很难用语言来形容的。在这种状态之中一股神秘力量的驱使下，便有了我在台上的全情投入、全神贯注、全力以赴和每次无一例外的全场欢呼。

以上种种，都是英语惹的"祸"。

我珍视并享受在"二外"四年的成长，时而轰轰烈烈，时而平静如水。

修炼外在的舞台在明德厅，修炼内心的舞台在自习室。一块芙贝思蛋糕、一瓶橙汁、一面黑板、几节粉笔，当然还有厚厚的语言材料，一天的"头脑风暴"便开始了。天马行空的写画、口若悬河的自语、畅快淋漓的大笑。

当然，我没有忘记我"职业赛手"的身份，学校内外的大小演讲比赛，从英语玩到阿拉伯语；然后又被哥们儿撺掇去参加歌唱比赛，竟然还获得了校园十佳歌手；人家有"模联"，我们有"模拟阿盟"。最后，学生会主席曾公开称，以后学校活动，要加一条"禁止张博参赛"。

当年接到的大学录取通知书上写着：今天我以"二外"为荣，明天"二外"以我为荣。脑海中放映该画面时，镌刻在我内心的感激油然而生。为了不能忘却的纪念，在此多说了几句。送予她，我的"二外"。

同时，中学时代每天收看的《希望英语》栏目，竟给我抛来了橄榄枝。

我当过"希望之星"的颁奖嘉宾，主持了各届全国预选赛和颁奖典礼；在周六播出的"挑战赛"中担任过评委，和莫大伟老师演了至今还被人津津乐道的 12 个爆笑情景剧；我有幸给好几期超有趣的节目配过音，据说还创造了一期收视最高纪录；也在节目当中做过各种外景主持，一次次在镜头前"放飞自我"……

这期间，不是所有事情都是顺风顺水的，有两件事情需要着重提一下。

大三接触口译，外语水平在大学时代的又一质变

我的书叫《外语不用"学"》，而跟口译的接触是我少有的"学"外语经历。所以我决定转变风格，再多渲染几笔。

我自小学毕业后，未曾报名参加过任何课外英语培训。直到大三的某一天，我看到了一家口译特训班的招生广告，经过调研，就去报名学习了一个月。这里，学，可是没加引号，说明在翻译这个级别，不学不行。

这个培训是在寒假进行的，时间还跨越春节，只休息了大年三十的下午和初一、初二。培训强度堪称魔鬼训练，每天纯上课时间七小时左右，还要求课下练习。那可能是我接触外语以来，真正去"学"的一段日子。清晰地记得那一天是大年初五，外面鞭炮礼花喧闹了整个小区，我在租来的五平方米隔断小屋里练着视译。隔

壁香喷喷的饺子馅味挑逗着我的嗅觉，我独自吃着在楼下买的已经放凉的包子；隔壁房间甚至传来男女的"嘿咻"声音，我却第一次由于孤单无助而暗自神伤……终于，实在无法忍受了，把自己心爱多年的英语书重重摔在了地上，深深呼吸强装镇定后，却发现眼泪已不争气地夺眶而出。

因无心学习，便推门而出，在楼下徘徊。春节的热闹气氛却让我这个外来学生感到寒意十足。我唯一一次"学"外语，竟唯一一次因"学"外语而对外语产生了厌恶。痛定思痛，看来自己还是不擅长"学"。

此时，又突然计上心来，我跑回屋子，打开电脑，将需要视译的课文一股脑儿地录入了电脑，又一次自恋地听着自己的声音孤芳自赏，心情舒适了不少。刚要捡起地上的书，却发现展开的一页赫然写着："To get ahead you'll have to work long hours and take short vacations."。

于是我虔诚地将书捡起，伴着自己的录音和声声爆竹，又做起了练习……

一个月后，中英文交替传译特训班结束，我通过了通过率仅为20%的结业考试。

本书叫大家不"学"外语，但不"学"的我，也是蛮拼的……

学习分好类，功夫下到位。

大四，"21世纪杯"演讲比赛总决赛遭遇滑铁卢

在大学期间的赛手时代，我一直有参加一个名为"21世纪杯"的英语演讲比赛的愿望。然而，这个比赛每年都是由学校英语系推荐学生代表去参加，而我也只能每年在"某某某喜获21世纪杯某等奖"的校园新闻中垂涎此事。

而在我大四那年，该赛事首次允许以个人为单位进行网上报名参赛，这令我兴奋不已。在层层选拔后，我最终在第12届"21世纪·联想杯"英语演讲比赛中获得了北方赛区一等奖。然而，在以北方赛区季军身份进入在香港举办的全国总决赛时，首轮就出局，只获得三等奖。

虽然我从未在任何外语比赛中获得最终的总冠军，但是之前的所有比赛成绩都是令我满意的，除了这一次。

简单总结一下失败原因吧。之前为了比赛看了好几本"鸡汤类"美文，提前背了好多关于"形而上"层面问题的回答，每天想着怎么在颁奖典礼上作获奖感言……说白了，急于求成，急功近利，这跟"学"外语的理念都是背道而驰的。Learning English takes some time. To become a successful English speaker calls for long-term accumulation.

失败给人带来的成长远比成功带来的扎实，回过头来看，我还蛮庆幸自己没有得大奖的。

遭遇滑铁卢，焉知不是福。

2007—2009年
大学毕业后进入中信建设公司，后任职于阿尔及利亚项目部人力资源部和总经理办公室

值得一提的是，我从大一就开始写简历，但没有给任何一家用人单位主动投过简历。

这可能是因为我从小到大得到的所有机会，都是他人推荐或介绍而来的。中学时代的课代表，大学时代所有的校内外活动晚会和比赛，无一不是老师推荐、同学告知，朋友介绍的，我从来没有形成一个主动去寻求机会的习惯，我甚至不知道怎么找工作，所以干脆不作为，连简历都不投。大四的求职季，正赶上前文提到的"21世纪杯"比赛（这个比赛是我的一位学弟在宿舍楼下看到小广告后马上到我宿舍来通知我的）的各级选拔，所以我干脆把自己的精力全方位地投入到了全面备赛当中，对就业之事置之不理。当然，这是不可取的。

所以，比赛失利以后，多亏系里老师谈话帮忙解决心病，并给我推荐了中信建设公司的面试机会，我才有机会去参加我唯一一个求职面试，进而得到了毕业后的第一份工作。

我是以阿拉伯语翻译名头被公司招进来的，但在工作过程中几乎用不到阿拉伯语，反而被领导发现了英语方面的才能，经常做一些英语标书合同以及相关文件的翻译。同时我加入了公司团委，组织青年活动、花样竞技比赛等，工作上充实得不亦乐乎。

在成功组织并主持了一次公司的大型联欢会后，我被公司领导

派到阿尔及利亚的东西高速公路项目部，先后在总经理办公室和人力资源部任职一年有余。在这期间，我的阿拉伯语"吃喝玩乐"级的口语水平得到了大幅提高。

同时，这一年多的时光，是我截至撰写此书时真正的一段长期海外工作和生活的经历。

我一直努力主动保持熟练运用两门外语的状态，保持着两种外语思维的灵敏度。我深知，保持外语水平不能靠"学"，更要靠"练"和"熏"。

用外语生活，吃喝加玩乐。

2009年至今
进入中央电视台，担任阿拉伯语频道新闻主播，兼职英语新闻频道记者

我于 2009 年进入中央电视台阿拉伯语频道工作，自频道成立之日起担任《综合新闻》播音员至今。

从 2010 年开始，我入选了央视英语频道的采访组，开始兼职做英语记者。我倍感幸运能出现在不同的新闻现场，并且很珍惜同各界人士对话的机会，很享受在演播室做副主持的状态。我这个实属"英语门外汉"的"客座记者"，终于开始正式用英语工作了。

若要知端详，请看第五章。

2010年至今
靠外语当了把"网红",自封唱作音乐人

2010 年 3 月 29 日,我在网上发布了一首英语歌的翻唱视频,歌名叫 *Love The Way You Lie*,是饶舌大神 Eminem(埃米纳姆)与 Rihanna(蕾哈娜)的神曲,结果引来了几百万的点击和不计其数的肯定,以及 Eminem 人人网公共主页和 Eminem 中文网的关注。

2012 年 4 月 21 日,我通过微博发布了一首原创英语歌曲,歌名叫 *Not A Rapper*,结果这首歌被几位明星音乐人转发,在嘻哈圈被品味了一番,然后引来了中国嘻哈榜和中国说唱歌手网的关注。

2013 年 6 月,我参加了湖南卫视"快乐男声"比赛,估计是带着"央视"的标签,人家一路照顾,让我凭借着自己当时唯一的原创歌曲耍了好几轮。

2013 年 10 月 21 日,我又发布了第二首原创英语歌曲 *Game*,过了一阵,中国嘻哈颁奖典礼请我去唱这首歌,做开场表演和典礼主持。

2014 年 4 月 9 日,网易云音乐对我进行采访,并给我开了个账户,让我在那里也有了一个音乐发布平台。

记不起是从什么时候开始,我拿了央视外语频道的各大音乐比赛的冠军,并在每年外语频道的年会上做外语歌曲表演。还被指定演唱阿拉伯语频道的自制电视剧和阿拉伯语大赛的两首主题歌。我去央视理发室理发,新来的洗发小妹说:"咦?你不是那个网上'Yo Yo Yo'的歌手吗,来录节目啊?"

外语娱乐用,其乐大无穷。

小结

我和外语的那点儿事，梗概说了差不多，我很庆幸能把它们编纂成书，以记录我对外语的粗浅认识，纪念我和外语的点点滴滴。

我从一个无意识的外语学习者，慢慢变成了一个外语爱好者，进而兴趣盎然地参加了各式各样的外语比赛，兴趣使然地选择了一所外语院校的外语专业，如今在中央电视台的外语频道做着一名外语主持人，最大的爱好是唱外语歌。

所以，我从每个身份的角度，向同样身份的各位，汇报了本书的每一章。

翻开下一页，开启新世界。

第一章
致外语学习者

外语，不能仅仅被当成一门学问来学。

A foreign language cannot be solely learned in a scientific or academic way.

لا يمكن تعلم لغة أجنبية بمفرد طريقة علمية أو أكاديمية.

别把外语当学问

In my point of view, English is definitely not a course, or simply a linguistic tool for communicating, but a type of cultural experience and entertainment. It opens an exciting language world that is totally different from the one of my mother tongue — Chinese. It forges me to have self-confidence and earns respect for me from other people, and it lets me know what is the happiness and the feeling of accomplishment when mastering a foreign language.

这是我高中的时候在日记里写过的一段话。

从小到大，在我眼中，英语从来不是一门学科，也不仅仅是一个用于交流的工具，而是一种娱乐方式、一种文化体验，一个全然不同和令人激动的世界。它教我建立充分的自信，它使我赢得别人的尊重，它让我体验到拥有语言的快乐和成就感。

所以，我不用故意淡化"学"外语，而是我压根儿就没把它当"学问"。

纵然如此，这些年，因为总在与外语有关的节目中露脸儿，也的确在各种外语比赛中拿了些小奖，所以一直被问及关于"学英语"的问题。我静下心来，想了又想，在攻克英语的道路上的确有一些个人的认识，便总结出自己同英语打交道的几点粗浅体会，以飨学习者。

请注意：本书没有系统给各位讲方法的意思，只提供方向。因为方法特别简单，就是多听、多说、多读、多写。个人认为，觉得外语难学或无从下手的朋友们，是对外语学习这件事情存在误解。所以本章的最大目的是：增信释疑，端正认识。当然在某些部分，会提及有关方法。但是无论动力如何强劲，一个船长让船儿到达彼岸的第一要务都是看准罗盘，掌好舵。

发音很重要

在所谓的"外语学习"过程中，发音是非常重要的一环。从某种程度上讲，这是二语习得（Second Language Acquisition/SLA，第二语言习得，简称二语习得，通常指母语习得之后的任何其他语言学习）过程中最重要的部分，但恰恰也是中国人最缺失的。

其实不需要太刻意地追求发音，说话交流时，内容和思想是最重要的。但是对于发音，第一，应该有底线，就是应该让自己的外语发音正确；第二，可以允许不同标准，但是越地道，好处越多。

正确地道的发音能帮你改善听力

外语的听和说，是绝对不可能分家的两个部分。听是输入，说是输出。要想有正确的输出，就要先有正确的输入；而正确的输出反过来又能促进更好更准确的输入。二者相辅相成。

试想，如果你把发音练得越近似于母语人士，是不是就越容易听得懂母语人士所说的话？例如，一个不是上海人的人把上海话发音模仿得越准，他一定能更容易听懂上海人说话。一个不是广东人的人把粤语发音模仿得越准，他一定能更容易听懂粤语。

再举个例子，"would have done, could have done, should have done, must have done"这几个短语我开始老是听不清，所以导致听不懂，因为母语人士会把它们说成"would'v done, could'v done, should'v done, must'v done"，加之两辅音连缀，前一个会略掉一些，所以起初遇到这几个短语，实在跟不上趟，导致不知所云。后来，我看到了一篇有很多这样句型的文章，并且听到了这段文章的录音，忽然意识到，原来母语人士是那样说的，自己便也学着这么说。一段时间过后，我发现听这样的话完全没有障碍，因为自己也是这么说的。

道理很简单：我们肯定熟悉自己的说话方式，肯定听得懂自己说的话嘛。

正确地道的发音能让你更容易记住单词

记单词，个人认为有三层意思：一是记住写法；二是知道意思；三是掌握用法。

通过发音来记单词的方法有很多，在此不一一赘述。只想告诉各位，如果你可以把一个单词读得非常地道，就算它的拼写有特殊性，你多看它一眼，也一定会过目不忘。自己把由这些单词组成的句子说得漂亮，自己听着都高兴，心里一定会美滋滋地想着什么时候在什么场合把这些美句"秀"出去。等你真正能够陶醉在这样的"学习"氛围中时，学英语就跟初恋没什么两样了。你爱她，她也会以一种纯粹的方式去爱你。

正确地道的发音可以提升自信

我一直觉得，会说外语的人应该具备一种国际化气质。这种气质不因美貌，不靠穿戴，而是在举手投足、张口闭口之间自然散发出来，甚至是可以用"性感"来形容的一种独特魅力。

而地道的发音，恰恰在构建这种气质中，起着举足轻重的作用。同样是会说外语的人，有人一张嘴就可以把你吸引过去。而一口好听的外语会让你获得大量圈内拥趸，让你自信满满，倍儿有面子。

对此，我深信不疑，并屡试不爽。

正确地道的发音可以带来更多机会

个人认为，从某个角度讲，外语好有两个标准：一是"好"；二是"看起来好"。你觉得哪个重要？

打个比方，两个英语专业毕业生，参加某公司的英语面试。第一个GPA优秀，但是张不了口，或是一张嘴就露出蹩脚的中式英语。第二个成绩不如第一个，但一张嘴，就用一口流利而标准的美音侃侃而谈。

你说，面试，哪一个被录用的可能性更大？

也就是说，在面试当中，受教育程度和交流能力相差不大的两个人，如果一个人发音特别地道，会给考官留下更好的印象。好的外语发音甚至能让你的外语水平看起来比实际更好。

这只是一个比较功利的例子。还有更多，不一一列举。

正确地道发音更能培养正确的语感

正如小标题所言，发音漂亮能让外语的遣词造句和考试能力以最科学有效的方式提升。

不相信？是因为你从未尝试。我从来没有见过一个发音地道且可以自由交流的同学会因为英语成绩不行而苦恼。

Please always bear in mind: Authentic pronunciation is the most effective way to lead you towards success in mastering a foreign language.

请时刻牢记：地道发音在掌握一门外语的过程中，永远是最有效的敲门砖。

找寻外语嗓音

外语说得好不好听、地不地道，单从非语言内容层面来讲，我个人认为有三个阶段，或者说三个标准。

第一，发音正确；第二，发音正确+语调恰当；第三，发音正确＋语调恰当＋外语嗓音。

外语嗓音，这个概念是我读高中时认识的一名外教不经意间提到的，其实指的就是每个人说外语时的声音。

有人可能有疑问了：说外语，用的声音和说汉语的不一样吗？对的。

外语说到最高级别，是听起来和该语言的母语人士无差别。那些外语听起来非常地道的人，往往在声音上像极了该语言的母语人士，并且跟他说汉语的声音有区别（比如本书作者，哈哈）。这样看来，在学习外语的过程中，找到自己的"外语嗓音"至关重要，而这一点几乎被大多数人忽略。

寻找一个自己喜欢，并且和自己声线有几分相似的嗓音，作为标杆，不断模仿。

在语音语调过关之后，就应该着手去寻找你的外语嗓音。其实，若在起步纠音时就有意识地模仿寻找，效果会更好。而一旦找到并"锻造"出了自己的外语嗓音，这可以说是一个外语学习者在口语方面的一个质变级别的进步。

也就是说，你听着很多人说外语与该语言的母语人士说的感觉一样，其实他们都有意无意地找到了属于自己的"外语嗓音"。同样，这个也只能靠模仿。大量有声练习，大量的听，大量的读，这是绝对的"功夫"活儿和"工夫"活儿。

当然，这一点也不用刻意追求。前面提到过，我写的东西都是自己在外语学习方面的小发现和小体会，不是外语学习的标准。

模仿是"捷径"

我觉得，正常情况下，你想把外语说好，一定是想说得像外国人。一张嘴就能"唬"住别人的感觉，妙不可言。

很多人问我，怎么才能说得像外国人？

这个问题，我觉得可以从两个层面来理解。

一是你想在说外语的时候，让自己听起来像外国人。这是语音、语调、语流加上前面提到的外语嗓音方面的问题，没别的办法，想听起来像，就只能靠有意识的模仿。

二是你想让自己说出的句子更加地道，甚至用母语人士的思维方式去说外语。这是遣词造句表达用法的范畴。这个也别无他法，说阅读也好，说积累也罢，实际上就是用多次的重复来养成一种口语习惯。这个过程，是一个下意识模仿的过程。

如果语言学习有"捷径"，那唯一的"捷径"就是模仿。

不管是鹦鹉学舌，还是咿呀学语，都是模仿的过程。这是最符合语言规律的一个方法。

那么问题来了。模仿什么？

一、发音。通过大量的听，细化的听，不计其数地对感兴趣语言材料的听，和不厌其烦地对某一句话的不同语速的听，来模仿。所以，已经淡出现代人学习外语视线的一个学习用品——复读机，是我的最爱。它集"复读""慢放""跟读""对比"等功能于一身，简直就是一名最接地气的好老师。我的语音，就是靠复读机，一遍遍重复我自己收录的VOA广播，再播放我自己录制的同样语言材料，反复对比练出来的。

二、造句。用外语表达，无非就是按母语人士的习惯造句。造得下里巴人一点儿就是唠唠家常，造得高端大气一点儿就是公众演讲，造得文艺书面一点儿就能著书立说，造得连拍带韵一点儿就成诗歌说唱。所以，在阅读各式文本的时候，遇到自己喜欢的好句好段，不妨就将它背下来，背得多了，句子积累就多了。当你积累到一个时间点的时候，量变就会产生质变：你发现自己也可以自动造句，写的时候不用想，甚至说的时候也不用想。不相信？是因为你还没做。试试看，开始去养成点滴积累的习惯，一段时间过后，你会感觉到自己的变化。

三、语感。这是一个自动的过程。或是说，你看书看得多了，语感就自动形成了。但是有一定的积累之后，你可以有胆量用自己的想法去模仿着使用外语，这时候你的语言往往是正确的。注意，刻意模仿不来，只能靠积累。我就提这一句，是发自肺腑的一句。

语感是境界

语感，个人认为是人类对于某种语言逻辑、用法的下意识判断，是母语级别的一种境界。

如果有人说，凭语感做题是蒙，不可靠，我可以负责任地告诉他，说明他不仅语感不到位，而且语言都没学到家。当然，全凭语感做卷子也不行，因为有些试题的难度超出了语感的范畴，也许是考查词汇量，也许是考查不常见语法用法，也许是考查出题者意图，从某种程度上讲，这种题做对了就是做对了，值得恭喜，但并不是我们语言学习者要达到的目标和努力的方向。我们要做的，是通过以有声积累为主线的努力，夯实一切语言要素，从而培养出过硬的，甚至"用外语思维"的可靠语感。

提升语感的方法：模仿地道的发音，积累地道的表达，有声阅读足够量的语言文本。

别问我需要背多少、看多少或是看什么才能达到某种水平。如果语言学习可以量化，那它就是一门自然科学了。

外语学习，绝无"过量"之说。

我们需要端正的一个态度是："Always learn a little bit more."。外语积累永远不怕多，怕的是少，怕的是有侥幸心理，怕的是总抱着功利的目的性去学习。其实踏踏实实，从最简单的那些元素入手，坚持下去，"语感"这一级别的境界早晚会来找你。

用外语思维

提问：中国人可以用外语思维吗？

我觉得这个问题应该分两个情况讨论。

第一种情况，如果一个人从小在国外长大，或是长期在外语环境下生活，那么他是可以自动获得这种"用外语思维"的能力的。

第二种情况，也应该是该问题提出者真正想问的，我们在国内的环境下，能培养出外语思维吗？答案其实也是肯定的。方法就是，你要自我模拟出第一种情况的语言环境。

所以，想达到用外语思维的水平，要做到以下几点。

一、每天花很长的时间，让自己沉浸在一个有声的外语环境中。比如，收听收看纯外语的广播、电视节目，或真正走心地看没有字幕的外语原声电影。请注意，在能听懂和看懂大部分内容的前提下，这种长时间的"熏陶"才有作用。也就是说，在理解的基础上，长时间输入大量的有声语言，对于刺激和开发外语思维，有很大帮助。

二、每天花很长的时间进行有声的正确外语表达，朗读、背诵、复述、说话，缺一不可。也就是说，要保证每天大量的外语有声输出。这对大多数人来说，可能是一个有些枯燥的过程。因为我们要自己给自己朗读，自己跟自己说话，必须自言自语，必须不厌其烦。当然，如果有小伙伴跟你一起练，可能会互相督促、互相促进，增加练习的趣味性和动力。经过一段时间的练习后，你就会不断缩短遣词造句所需花费的时间。后来你会发现，想的过程用时非常短，有时候有些表达已经到了"张口就来"的境界。这些"张口就来"的部分，就是"用外语思维"的结果。而"张口就来"的比率越高，你的外语思维就越到位。其实，不知不觉中，你已经在用外语思维了。

三、尽可能多地在公众场合，在有听众的情况下使用外语。这是一个更加有效率的培养外语思维的方法。注意，只是更加有效率，不是捷径。不管你做什么类型的公众演讲，肯定都需要语言和思维方面的翔实准备，而且对表达有着更严格的要求。在一定的压力下，以一个相对集中的精神状态和相对缜密的思维逻辑作出外语表达，这可以说是主动"锻造"外语思维最有效的方法了。

单词不用背

提问：有多少人一提到"学外语"，就联想到"背单词"？

这是学习者多年被部分中国英语老师影响的结果，不足为奇。

再提问：您通过背单词，有效地学会了一门外语吗？

如果谁的答案是"是的"，请联系我，我在证实后，会支付您一万元"妖魔"奖金。

事实上，背单词最大的效果，在于它可以让原本活灵活现的语言画面迅速变得暗淡无光，并且可以有效地削减主动或被动建立的外语学习动力。更打击人的是，背单词是外语学习中效率最低的一项活动，而且，"背过"的单词会很快忘记，并且很难再次想起。

在我看来，"背单词"，更应该叫"积累词汇"。这个过程应该基于阅读，最好是有声阅读。

在阅读的过程中，遇到生词，查阅词典，最好是英汉双解词典，用英语的解释理解其意，用汉语的解释确定其意。然后，最重要的是，将这个单词的正确发音用英语标准国际音标标注在旁边，而不是标注它的汉语解释。当然，更不能用汉字标注读音。

声音永远是语言的生命力，靠声音去记忆，效率最高。

另外，如果有能力把生词的英语近义词或同义词标注在单词旁边，那对于语言大厦的建设更是添砖加瓦。语言学习也很像在织一张大网，积累得越多（哪怕不成系统），这张网就越结实，练就的语言功力就越深厚。

随后，找出含有这个单词的例句，在想着整句话所表达意思的同时，将这句话不断有感情地重复，直至能"感受"到那个单词的意思。

然后，再回到这个生词出现的地方。请问，它现在对于你而言，还是个"生词"吗？

当然，到现在为止，这个单词还不能计入你的词汇量。你要在不同的环境下，尽量多地去使用它，用过几次之后（有科学试验证明是七次），它就真正属于你了。通过这样看似繁琐的过程，你才真正成功地"背"过了单词。而这样的词汇"学习"，其实效率是非常高的。而且，在整个过程中，不分家的听、说、读、写其实是在共同进步，积累词汇的真正方法就在于此。

关于这个话题，更详尽的方法和例子，在本书最后附送的"有问必答"部分有所涉及，希望各位还能有兴趣读到那一页。

脑补语言环境

有些人把"国内没有外语学习环境"当作学不好外语的原因和理由，在我看来，这些人就算真正拥有了语言环境，也学不好。

因为"国内没有外语学习环境"根本就不是原因。这只是一个不作为的借口。

目的实现不了，就归咎于外部原因。学习，这样的态度要不得。

我就是一个土生土长的土包子，没在国外学过一天外语。可是我漫无目的地听了不少BBC、VOA的广播节目，看了不少英语杂志、报纸，背了一些喜欢的名人演讲片段，写了一些自己的英语日记。我把自己的语言世界想象成由形形色色的人组成的，说出的话乱七八糟什么都有，每每听到、看到一段精彩论述，我就想象这段话自己什么时候能在什么场合说出去、用出去。本来纸上死板的文字，通过成百上千遍有声朗读和看似分裂的自我对话、自我欣赏，形成了一种自创的语言环境，乐在其中，从而形成了良性循坏。我相信，凡是在国内掌握了外语的人，都有这种自我陶醉的经历与体会。

如今，市面上不乏价格昂贵的全外教、纯外语环境的高端英语培训。不过，颇为可惜的是，很多花大价钱学外语的人都只是通过学习显示了自己或家里的经济实力，同时进入了一个所谓"成功人士"的学习圈子。诚然，全外教的、高额打造的环境一定提供了很好的学习条件，并且我也蛮欣赏这样高端的社交模式。但是，优越的条件往往让人滋生懒惰的毛病，这恰恰是外语学习的大敌。我见过很多从这类地方学出来的朋友，要么没有毅力完成学习计划，半途而废；要么说不出几句完整的流利英语，任由中式英语在他们之间泛滥着。当然，我承认教育投资是一定必要的，但是只有将高价英语班所创造的语言环境不断地"为我所用"，才可以真正将"价格"转化为"价值"。语言环境如此重要，无论如何，一定要想办法创造。

一般考试无需准备

请注意，我说的是一般性考试，我对它的定义大概为，包括大学四、六级和考研考试及其以下水平的英语考试。因为大学四、六级和考研英语考试，我都是直接裸考通过的。但说实话，我的英语综合水平应该一直没有超过优秀英语专业学生的水平，自己有多少货，自己最清楚。这证明有了一定语言的积累，通过这些考试没有问题。如果把之前探讨过的几个章节内容都做到位，你一定是能力、分数双丰收。

需要准备的，是诸如TOFEL、ILETS、GRE、GMAT这类的考试。但是话说回来，如果有扎实的语言功夫作基础，这些考试的准备就不是按照各种考前培训班上说的"看不懂题的情况下照样选对"式的准备了。高手只需要了解一下试题的难度，对于要求的词汇在一段时间内查漏补缺加以温习巩固，另外对各种题目的要求建立一个"题感"上的认识，形成一个正确的答题习惯即可。我认识的全国各地的"土鳖"牛人们，没有一个是报了考前培训班的，不过他们的各种"非一般性"外语测试成绩都是接近满分的。

当然，上考前培训班肯定有用，帮助熟悉题型，可以提高分数。前提是你本身英语基础好才行。培训班培训的是考试，提高不了你真正的英语水平。如果你英语不行，上了培训班也几乎没有效果，真的考过了，也是蒙过的，不上培训班你也能蒙过。

所以，早下手，按照真正掌握这门外语的标准去学习，哪怕你是为了备考。免去临时抱佛脚的尴尬与考场连猜带蒙的忐忑，"真正掌握语言"和"顺便通过考试"，一石二鸟。

兴趣是关键

作为已经有成熟思想的外语学习者，我们应该放低自己的"外语"年龄段。也就是说，既不把外语当高深的学科去学，又要把自己当作咿呀学语的小孩子去练。自己给自己当家长，要有这个智商和情商。

关于兴趣问题，我们不妨从一个反方向的角度谈谈。

如果一个人觉得做某件事情索然无味，那么问题出在哪里呢？个人认为，是因为尚未全心全意地投入它，尚未找到存在于其中的应有的乐趣。我问过很多中小学生关于他们最不喜欢的课，百分之六七十都说是英语（这其中百分之六七十是男生），而问他们为什么不喜欢，答案是"丰富多彩"的。有人说老师讲得没劲，有人说单词太多太难记不住，还有人更是笑称："中国话我还没说利索呢，学英语作何用处啊。"

我在数年前看过一个电视报道，至今记忆犹新：广西阳朔有一位远近闻名的能用流利英语和老外交流的农民导游，人称"月亮妈妈"。她学英语的初衷就是为了更好地和外国游客交流沟通，从而吸引更多的游客到此地旅游，品尝可口的农家饭，更多地增加个人收入。于是她利用每天能见到很多外国游客的机会，今天跟这位姑娘聊两句，明天跟那位小伙唠两句，没有教科书，没有语法，只有活学活用，绝对地道，而且月亮妈妈真的因为她的这手"绝活"获得了更多经济上的回报。所以她越学越起劲，越起劲越学，"月亮妈妈"的牌子也越做越大，最终竟然形成了推动当地旅游业的一大龙头产品。而月亮妈妈并没有因为用英语赚了钱而停止对它的学习，她还是每天亲自去和游客们交流，按她自己的话说，那就是"我能让他们在这里听到他们国家说的话，那多有意思啊"。

理由简单，全情投入，乐在其中，效果出众。

学英语，我原来总说："What do you wanna do most? Do it In ENGLISH, and that'll be OK! And you'll certainlly be amazed by a different kind of outcome that you've never expected before."。比如你喜欢篮球，那你可以去看NBA官网，看ESPN的现场解说，学篮球的各种术语；比如你喜欢打游戏，那你也玩儿点高大上的嘛，不妨去仔细听听角色都说的是什么，搞明白那些缩写的全称都是什么，还可以和全世界的朋友联机对抗啊；就算你喜欢吃饭，你也可以去看看外语菜单，学学各种食物名称的嘛。我从上学以来，找到我爱做的事情，有演讲、主持、读诗、看球、看电影、写文章、听歌、唱歌、写歌……我就都用外语去干喽！后来我发现我喜欢和人吃饭，跟人聊天，所以我就找愿意和我用外语聊天的朋友一起练喽！再后来我发现我喜欢洋气的美女……所以我就跟人家用外语聊喽！加上语言本身对我而言就是一种兴趣，所以我越玩儿越兴奋啊！

勤奋 vs. 天分

爱迪生那句名言的完整版是：天才，百分之一是灵感，百分之九十九是汗水。但那百分之一的灵感是最重要的，甚至比那百分之九十九的汗水都更重要。

咱们得承认，成大事者，都有天分。不是所有跑步者都可以成为博尔特，不是所有游泳者都可以成为菲尔普斯，不是所有的篮球运动员都可以成为姚明，不是所有的跨栏运动员都可以成为刘翔。但是没有天分就成功不了吗？掌握一门外语能叫很大的成功吗？所以，外语这个不需要"学"的技能，还远远没到"成功"的那个级别，更不能用"没有天分"作为学不好的理由和借口。学不到高翻同传水平，能跟外国人谈天说地总是个好事吧，能通过四、六级总是个目标吧，能用外语在各种场合应对自如总是个本事吧，能在看美国大片的时候不用字幕总是更爽一些吧。以上这些，都不需要天分，方法对路，勤奋就够了。

我承认自己有天赋。但是仅仅限于语音模仿层面。我也曾在刚刚接触定语从句的时候看不懂造不出，也曾在面对一些虚拟语气的时候用法错乱，也出现过看到一个生词总也记不住，也曾经看过某些语法解释数次仍然看不懂，记不住一些所谓的"语言点"，没准备的各种大会照样译不出。可是，当我在遇到上述所有问题的时候，都选择了从我最擅长的模仿入手。不是不会单词语法吗？那就不要会，我去读我自己喜欢的很难的文章，模仿录音带的发音，讲给自己听，让自己高兴！那里面是不是包括了很多单词和语法？我积累得多了，照样开口若悬河、下笔如有神，而且比起那些只背单词、背语法、牢记语言点的同学是不是事半功倍呢？善用自己的长处。在外语学习中，在发音口语方面的"扬长"不仅能"避短"，还能最有效地"补短"。最终会发现，别人会的，我也会；而我会的，别人不一定会，更何况我会的还是真正有用的。

所以，勤能补拙是良训，一分辛劳一分才。没毛病。

捷径不存在

早年我看到过很多类似"某某学校/某某地区掀起一股学习英语的热潮"的新闻报道。对此，也听过另一种论调，"学习外语热"之后，必然出现的就是"学习外语冷"。

这种"外语热"现象和与其相对的反驳观点，其实正好反映了学习外语的两大主要态度：一是要有热情；二是要有恒心。虽然又是老生常谈，但是真正能做到的人少之又少。

那么换个角度，语言学习则有两大死穴：一是缺乏热情；二是急于求成。

对于缺乏热情这件事，之前提了不少，兴趣啊，动力啊，这里没有太多要说的。

而对于急于求成，我想说，外语是不可能靠突击学会的。这世界上根本就没有"一个月听懂VOA""一个月让你和老外自由对话""30天告别哑巴英语"这样的事情。作为打出上述宣传语的外语培训机构，我对你们完全没有话说，因为我不能骂人啊。

另外，"还有一个月就要考专四了，现在怎么突击单词啊"，"还有两个月就要考雅思了，现在有什么捷径快速突破口语吗"，"下个月要在客户面前做一个presentation（演示）推广公司新产品，怎样能迅速说得好一点并听懂客户提问呀"……这些问题我只能给一个回答就是：在这段时间里，吃好喝好，放平心态去做去考，别太要求这一次的结果了。如果过了，那恭喜；如果没过，那正常。来年用一年的工夫，从与考试题同等级别的语言材料当中做大量的阅读积累，多活在这个语言的世界里。注意，不是出国，是自己创造出一个主动积极的外语环境，每天动嘴，同时穿插考题适应题感，在有半年以上语言的基本积累之基础上，适当看些应试技巧，同时不放松积累，持续保持外语思维的灵活度。这样，考试才能十拿九稳。不然，就等于蒙。

学外语，趁早打消"事半功倍"或是"寻觅捷径"的想法。外语，只有靠不厌其烦的重复，只能靠脚踏实地的积累，才能掌握。

捷径不存在。捷径不存在。捷径不存在。重要的事情说三遍。

对于这句话，没有任何商量余地。学外语，没有捷径。找对方法，勤奋积累，是唯一途径。

无意识习得

这一部分我想摘录苹果公司的前CEO史蒂夫·乔布斯于2005年6月12日在斯坦福大学的毕业典礼上演讲的部分内容。讲话中所提到的"connecting the dots"，是完全应该迁移到外语学习过程中的。所谓"积累"，正是"connecting the dots"的过程。而这个过程，最有效的时候，就是无意识去做的时候。

分享部分原文如下：

- I am honored to be with you today at your commencement from one of the finest universities in the world. I never graduated from college. Truth be told, this is the closest I've ever gotten to a college graduation. Today I want to tell you three stories from my life. That's it. No big deal. Just three stories.

  我今天很荣幸能和你们一起参加毕业典礼，斯坦福大学是世界上最好的大学之一。我大学肄业。说实话,今天也许是在我的生命中离大学毕业最近的一天了。今天我想向你们讲述我生活中的三个故事。不是什么大不了的事情，只是三个故事而已。

- The first story is about connecting the dots.

  第一个故事是关于"因"和"果"。

- I dropped out of Reed College after the first 6 months, but then stayed around as a drop-in for another 18 months or so before I really quit. So why did I drop out?

  我在里德学院读了六个月之后就退学了，但是在十八个月以后——我真正作出退学决定之前，我还经常去学校。我为什么要退学呢？

- It started before I was born. My biological mother was a young, unwed college graduate student, and she decided to put me up for adoption. She felt very strongly that I should be adopted by college graduates, so everything was all set for me to be adopted at birth by a lawyer and his wife. Except that when I popped out they decided at the last minute that they really wanted a girl. So my parents, who were on a waiting list, got a call in the middle of the night asking: "We have an unexpected baby boy; do you want him?" They said: "Of course." My biological mother later found out that my mother had never graduated from college and that my father had never graduated from high school. She refused to sign the final adoption papers. She only relented a few months later when my parents promised that I would someday go to college.

故事从我出生的时候讲起。我的亲生母亲是一个年轻的、没有结婚的大学毕业生。她决定让别人收养我,她十分想让我被大学毕业生收养。所以在我出生的时候,她已经做好了一切的准备工作,使得我被一个律师和他的妻子所收养。但是她没有料到,当我出生之后,律师夫妇突然决定他们想要一个女孩。所以我的养父母(他们还在我亲生父母的观察名单上)突然在半夜接到了一个电话:"我们现在这儿有一个不小心生出来的男婴,你们想要他吗?"他们回答道:"当然!"但是我亲生母亲随后发现,我的养母从来没有上过大学,我的养父亲甚至从没有读过高中。她拒绝签这份收养合同。但是在几个月以后,我的养父母答应她一定要让我上大学,那个时候她才同意。

- And 17 years later I did go to college. But I naively chose a college that was almost as expensive as Stanford, and all of my working-class parents' savings were being spent on my college tuition. After six months, I couldn't see the value in it. I had no idea what I wanted to do with my life and no idea how college was going to help me figure it out. And here I was spending all of the money my parents had saved their entire life. So I decided to drop out and trust that it would all work out OK. It was pretty scary at the time, but looking back it was one of the best decisions I ever made. The minute I dropped out I could stop taking the required classes that didn't interest me, and begin dropping in on the ones that looked interesting.

在十七岁那年，我真的上了大学。但是我很天真地选择了一个几乎和你们斯坦福大学一样贵的学校，我父母还处于蓝领阶层，他们几乎把所有积蓄都花在了我的学费上面。在六个月后，我已经看不到其中的价值所在。我不知道我想要在生命中做什么，我也不知道大学能帮助我找到怎样的答案。但是在这里，我几乎花光了我父母这一辈子的所有积蓄。所以我决定要退学，我觉得这是个正确的决定。不能否认，我当时确实非常的害怕，但是现在回头看看，那的确是我这一生中最明智的一个决定。在我作出退学决定的那一刻，我终于可以不必去读那些令我提不起丝毫兴趣的课程了。然后我还可以去修那些看起来有点意思的课程。

- It wasn't all romantic. I didn't have a dorm room, so I slept on the floor in friends' rooms, I returned coke bottles for the 5¢ deposits to buy food with, and I would walk the 7 miles across town every Sunday night to get one good meal a week at the Hare Krishna temple. I loved it. And much of what I stumbled into by following my curiosity and intuition turned out to be priceless later on. Let me give you one example:

但是这并不是那么罗曼蒂克。我失去了我的宿舍，所以我只能在朋友房间的地板上睡觉，我去捡五美分的可乐瓶子，仅仅为了填饱肚子，在星期天的晚上，我需要走七英里的路程，穿过这个城市到哈瑞·克利须那神庙（注：位于纽约布鲁克林下城），只是为了能吃上饭——这个星期唯一一顿好一点的饭。但是我喜欢这样。我跟着我的直觉和好奇心走，遇到的很多东西，此后被证明是无价之宝。让我给你们举一个例子吧：

- Reed College at that time offered perhaps the best calligraphy instruction in the country. Throughout the campus every poster, every label on every drawer, was beautifully hand calligraphed. Because I had dropped out and didn't have to take the normal classes, I decided to take a calligraphy class to learn how to do this. I learned about serif and san serif typefaces, about varying the amount of space between different letter combinations, about what makes great typography great. It was beautiful, historical, artistically subtle in a way that science can't capture, and I found it fascinating.

里德学院在那时提供了也许是全美国最好的美术字课程。在这个大学里面的每个海报，每个抽屉的标签上面全都是漂亮的美术字。因为我退学了，没有受到正规的训练，所以我决定去参加这个课程，去学学怎样写出漂亮的美术字。我学到了serif（有衬线）和san serif（无衬线）字体，我学会了怎样在不同的字母组合之中改变空格的长度，还有怎样才能作出最棒的印刷式样。那是一种科学永远不能捕捉到的、美丽的、真实的精妙艺术，我发现那实在是太美妙了。

• None of this had even a hope of any practical application in my life. But ten years later, when we were designing the first Macintosh computer, it all came back to me. And we designed it all into the Mac. It was the first computer with beautiful typography. If I had never dropped in on that single course in college, the Mac would have never had multiple typefaces or proportionally spaced fonts. And since Windows just copied the Mac, it's likely that no personal computer would have them. If I had never dropped out, I would have never dropped in on this calligraphy class, and personal computers might not have the wonderful typography that they do. Of course it was impossible to connect the dots looking forward when I was in college. But it was very, very clear looking backwards ten years later.

当时看起来这些东西在我的生命中，好像都没有什么实际应用的可能。但是十年之后，当我们在设计第一台麦金塔电脑的时候，就不是那样了。我把当时我学的那些家伙全都设计进了苹果电脑。那是第一台使用了漂亮的印刷字体的电脑。如果我当时没有退学，就不会有机会去参加这个我感兴趣的美术字课程，苹果电脑就不会有这么多丰富的字体，以及赏心悦目的字体间距。因为微软就是苹果的山寨版，可以说世上所有个人计算机都不会有现在这么美妙的字形了。当然，我当时不可能预知这些事之间的"因""果"，但是当我十年后回顾这一切的时候，真的豁然开朗了。

- Again, you can't connect the dots looking forward; you can only connect them looking backwards. So you have to trust that the dots will somehow connect in your future. You have to trust in something — your gut, destiny, life, karma, whatever. This approach has never let me down, and it has made all the difference in my life.

再次说明的是，没人可以未卜先知，因果往往只在回首时显现，你得相信，种什么因，得什么果。人总要有些信仰才行，直觉也好，命运也罢，因果轮回，不管什么。去相信因果的联系，会给你信心去顺从自己的意愿，哪怕离经叛道，也绝不止步。只有这样，才能有所成。

我想，乔布斯的故事已经把"无意识习得"解释得足够翔实了。"漫无目标地"做"杂家"，坚持下去，时间会告诉你成功的方法。

关于记忆

语言学习我说了这么多，被提到最多的一个词汇就是积累。重要的事情说三遍嘛，积累，积累，长期积累。而积累是什么？说的再"白"一点，不就是多背东西嘛。

那么问题又来了，如何背呢？

多重复：一篇内容我不是很熟悉的文章，我读30遍就能背过。所以证明，再笨的人，再难的文章，多读是一定可以背下来的。德国哲学家狄慈根说过："重复是学习之母。"我斗胆加一句：重复是记忆的必由之路。

而提到记忆，就不得不说一下"艾宾浩斯遗忘曲线"。

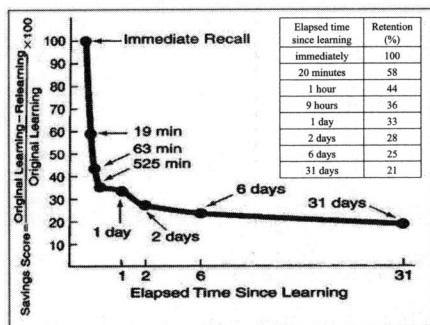

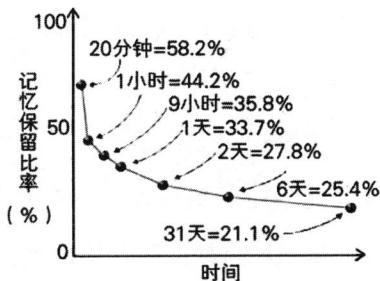

艾宾浩斯遗忘曲线

该遗忘曲线，是由德国心理学家艾宾浩斯研究发现的，它描述了人类大脑对新事物遗忘的规律。通过人体大脑对新事物遗忘循序渐进的直观描述，人们可以从遗忘曲线中掌握遗忘规律并加以利用，从而提升自我记忆能力。

所以，在遗忘曲线迅速下滑段所对应横轴的时间，就是我们应该多次重复语料的时候，就是我们应该不断夯实记忆的时候。

分享几种记忆文章的方法。

分点记：一篇文章一定是有逻辑的，是一篇以正常思维方式组合在一起的句子和段落集合。所以你想把它记下来，可以直接找到句与句、段与段之间的关联。把整篇文章分成几大点，把每段话再分成几小点。这样用这几点起到提纲挈领的作用，便于记忆。当然，这种探讨已经不是外语学习的范畴了。如果实在背不下来文章，但又遇到必须要求背诵的情况，建议可以看看关于记忆方面的书籍。

关键词：这一点可以配合分点记忆的方法一起使用。一个意群用一个单词作为关键词，如果忘记了具体表达，作为主干的关键词还在。如果是在presentation（陈述）过程中，还可以继续围绕这个关键词谈下去。不会出现尴尬局面，还能保持逻辑的缜密性。

潜意识记忆：这一点是我的个人发现。一段词，我如果睡前多读几遍，能达到可以思考着说出来的标准，哪怕不是很顺，那么一觉醒来，就直接能熟背了。我会的三种语言我都试过，蛮有效的。

其实，"说"和"想"，是有机结合的两种动作。要说得明白，首先得想得明白。但是在外语习得过程中，又不能完全等想好了再去开口。在练习的过程中，要大胆地开口，不要怕犯错，先"丢人"，后"振人"；而表达的时候，则要考虑逻辑，让说出的话有说服力，有规范感。

家长不懂英语　孩子怎样学习

从小到大，我看到家长们对于孩子的外语教育的重视程度有增无减。如今因各种活动在不同场合听到来自家长们关于培养孩子的各式问题。不管是"虎妈猫爸"还是"虎爸猫妈"，每当他们与我交流孩子的外语学习问题时，眼中无不闪耀着对孩子满满的爱和希望。所以在第一章"致外语学习者"部分，我想还是得专门为不断壮大着的家长群体，好好写上几句。

另外，恕我直言，我觉得家长朋友们的外语水平普遍还达不到一个乐观的标准。所以，我决定引用一对完全不懂外语而又培养出一位外语杰出青年的父母写的文章来说明此事。

对，他们就是我的父母。

此处有掌声！

这篇文章是他们在我高中时代应邀写的。个人认为，即便是现在看来，不仅没有过时，还很具指导意义。内容与我以上提及的如有雷同，纯属血缘默契。

家长不懂外语　孩子怎样学习
——谈谈引导张博学习英语的几点体会

张博家长：赵惠娟、张根庄

我们的学生时代是伴随着"文化大革命"度过的，由于历史的原因，我们失去了学习外语的机会，这个不大不小的遗憾一直使我们耿耿于怀，期望能在下一代身上有所弥补，这一强烈的愿望始终激励着我们把功夫下在孩子身上。把孩子培养成适应时代需要，具有较高素质的一代青年，是国家和社会的迫切要求，也是家长义不容辞的责任。我们就是本着这种期望和原则，去关心、支持、引导孩子学习的。作为英语的门外汉，在这里谈及英语的话题，实感惭愧，但为了共同探讨有益的学习途径和方法，也就大言不惭了，希望能抛砖引玉。

回顾引导、支持张博学习英语的过程，可以概括为培养兴趣、创造环境、注重听说、坚持标准四个方面。

首先，培养兴趣。青少年尤其幼儿，学习任何一门知识，培养兴趣至关重要。浓厚的学习兴趣是搞好学习的内在动力。有了兴趣可以使其由被动学习变为主动学习，由"要我学"变为"我要学"，英语学习尤其如此。培养学习兴趣是一个艰苦的过程，需要家长精心投入。我们觉得，早期教育是关键。那么，如何对孩子进行早期教育，积极培养学习兴趣呢？这有赖于家长对孩子的自身情况和客观环境有一个清醒的认识，对语言学习的规律有一个基本的了解，对家庭环境及孩子的性格特点作出客观的判断。我们的具体做法：一是从学龄前做起。张博五岁时，从看中央电视台播出的由许戈辉主讲的英语教学片《玛泽的故事》开始学习英语。起初我们陪他一起看，同他一起议论故事的内容，注意寓教于乐，设法引起共鸣，尽快引导进入角色。同时结合听配套的磁带，与看电视形成互补。这期间，我们适时以"请教"的口吻问及单词的读法，启发回忆故事的情节，并及时给予表扬，吸引他的注意力，锻炼他的耐性，促使其跟住故事，坚持下去。约两个多月时间，定时收看电视和听磁带形成了自觉的行动，在不知不觉中使他产生了浓厚的兴趣。二是抓好课外辅导。张博小学阶段基本上没有间断参加侧重听说的英语学习班，注意保持适当的上课密度。日积月累的学习，进一步激发了学习兴趣。三是安排他参加浅易的英语活动（如英语沙龙），增强参与意识，消除畏惧心理，树立交流信心，培养和锻炼他的应变能力和表现力。在这一阶段，我们始终坚持培养兴趣在先、学习具体知识在后的原则。结果表明，浓厚的学习兴趣有地效促进了学习，而好的学习效果反过来又进一步增强了他的学习兴趣，形成了良性循环。

其次，创造环境。语言作为人们交流的工具，是一种群体行为，需要一定的语言环境。基础训练阶段尤为重要。我们不懂英语，是个不利条件，但也并非束手无策，无计可施。不具备直接的、家庭内部的英语学习环境，可以通过提供相关条件，间接创造环境。一是将英语学习制度化。定时收看电视和听广播，配合光盘和磁带，营造浓烈的语言氛围。二是我们虽不能同他交流，但经常向他提出相关问题，让他用英语回答，接着用汉语翻译出来，培养中英文快速转换的能力。三是鼓励参加各种英语比赛。高一、高二学年分别参加了全国中学生英语能力竞赛，通过高难度的题目锻炼了英语思维的灵活性。以上这些做法，保持并增强了他对英语的良好感觉，避免了时冷时热的现象，不断刺激着学习的兴趣。张博并未因我们不懂英语而埋怨，反而坚定了学好英语的信心。

再次，注重听说。英语的听说读写是相辅相成的，四者不可偏废，摆不正它们之间的关系往往会造成"聋哑英语"等问题的产生。其中恐怕有这样的原因：绝大多数人是在具有了一定的汉语母语基础上才开始学习外语的，不同程度地受某种自尊和虚荣心的影响，顾及"脸面"问题，担心发音不准、不美，被人笑话，不好意思开口。然而，语言既然是一种群体行为，只有交流才能真正提高水平。只听不说，会引起听力的下降，最终走向恶性循环。另外，目前有不少的学生对英语水平考核的标准及其体系理解尚不到位，也是影响英语教学中"重笔试轻听说"的因素之一。基于这样的考虑，我们把听说作为侧重，贯穿始终。一是较早地接触了以英语为母语的外教，形成纯正英语的第一口语感觉和听觉印象。在以后的学习进程中，坚持听原版英语磁带，模仿地道的发音。二是练就"厚脸皮"，做到敢说，搞定了"面子"问题，树立了信心，才能迈出既艰难又愉悦的一步。用张博自己的话说叫作"先丢人，后振人"。在解决了"面子"和自信的心理问题基础上，较多地参加了有外教参与的英语社会实践活动。使语言交际和英语思维变成了现实。三是高中阶段担任学校广播站副站长期间，在做好组织、协调、管理工作的基础上，负责英语栏目的编导和播音主持，提高了英语表达和写作水平。受到了师生的赞扬和校方的认可。四是中学六年一直担任英语课代表，在履行职责带好早读过程中，刻意锻炼口语表达。同时积极参与英语"互动式教学"活动，努力发挥"小教员"作用。组织和讲演能力得到了锻炼和提高。五是勇于参加中央电视台"希望之星"英语风采大赛。赛前他做了全面的准备，其中的一项便是用以26个字母作为开头的单词编写了26个英语短文，以满足比赛的需要。张博高二、高三连续两年以河北赛区中学组冠军身份参加了全国总决赛，分别获得了中学组优胜奖、机智灵活奖和三等奖。通过大赛，检验了学习效果，发现了存在的问题，明确了努力方向，培养了竞争意识。用张博自己的话说，"大赛具有挑战性，太刺激了。短短的几天比赛，收获了人生太多的东西，是我学习道路上的加油站和学好外语的催化剂"。

最后，谈谈坚持标准的问题。这里所谓坚持标准，即对课外的教材、磁带、新闻媒体、师资水平以及学习班容量、学习氛围等条件进行比较详尽的调查了解和考证，力求使孩子接受正规的、高质量的英语教育。社会上英语读物和磁带很多，各种形式的辅导班也不少，师资的水平也不尽相同。没有标准、目的不明地盲目选择，良莠不分地提供给孩子，往往给其学习人为地造成某些误区，导致学习走弯路。同时，在标准问题上，坚持以培养发音、听力和英语思维为重点，选择国家权威的媒体、教材和磁带，经验丰富的老师和以英语为母语的外教。事实上，我们坚持了这样的原则，为以后的学习奠定了良好的基础。

张博在学习英语方面找到了一些方法，也取得了一些成绩。学习的路很长，还需付出艰苦的努力，以期再攀高峰。

以上是我们在关心、支持、引导张博学习英语过程中的几点做法和粗浅体会，很不成熟，不妥之处，敬请专家、老师及学生家长批评指正。

本章小结

外语方面，我一直不好为人师。

一是因"师"者承载太多，"传道""授业""解惑"，缺一不可，不是教师职业，不能造次嘚瑟；二是觉得自己就没真正"学"过，何况掌握得还不够扎实深厚，货不够多，岂敢跳出来佯师开课。但还是因本章开头所说，以外语"出道"，因外语"出名"，靠外语"过活"，多年以来被问及"学外语"次数太多。我感谢各位对我所取得的成绩的肯定，对本人关怀错爱。也罢，姑且斗胆写完了这第一章"致外语学习者"。深知啰唆，还望各位取其精华，弃其糟粕。

第二章
致外语爱好者

说实话，这一章是本书我个人比较喜欢的部分。

因为，本章的所有文字都在营造一个和"学外语"这个概念迥然不同的氛围，进一步淡化外语的"学术性"和"学科感"，进一步证明外语不用"学"。

其实，这些年身边的朋友经常问我一个我自己经常忽略的事情。

张博，你到底为什么喜欢外语？为什么对外语有这么大的兴趣？为什么一搞外语就有那么大劲头？为什么一看外语就睡不着觉？

说实话，大家不问我，我还真的没有意识到自己早就把外语当成了我生活中的消遣和娱乐。

从上述的问题中我总结出关于自己和外语的两个关键词：动力、兴趣。那么从这两个词出发，我决定在本章开头先自我剖析一下，也算是解开所有人的疑惑。

原始探索欲

把外语当作爱好的习惯，并不是与生俱来的。我五岁时对《玛泽的故事》的兴趣，其实并不是一个人对外语的兴趣，而是儿童对动画片天生的兴趣。而恰巧承载这部动画片的语言是英语，那么我自然而然地就对自己并不熟悉的未知语言有了原始的探索欲。也就是说，我是为了看动画片，才顺便接触了外语。这跟现在比较流行的英语绘本有些相似之处，而且现在的外在环境相较20世纪90年代无疑更加上乘，更具吸引力。

所以，这件事情我思索之后，就得出了上一章"兴趣是关键"一节中提到的内容。你要想对外语感兴趣，就用外语去干你感兴趣的事，这样貌似可以有一个不错的开始。

受表扬的满足感

在与英语教学动画片亲密接触之后，我会时常在父母的鼓励下，在亲朋好友面前模仿其中的段落，并因此得到了不少表扬。而表扬对于儿童来说，是主动要求进步的最大动力。这也可能是我在小学二年级主动要求报名参加英语课外班的直接原因。

越发浓厚的兴趣，加之不间断的每日朗读让我的外语水平不断提高，同时也和在不太重视口语教学的学校里面的同学们形成越发鲜明的对比。而我还算标准的发音和相对地道的表达也让我成为众多同学羡慕的对象和英语老师眼中的"另类"榜样。挺庆幸的一点是，我没有因为别人的赞美而停止对外语更高的追求，受表扬的满足感给我增添了更多优化自己外语的理由。

不断增加的自信心和不断拓宽维度的存在感

随着不断四处"显摆"得来的赞扬，我的自信心也在慢慢增长，同时对于这个能给我带来赞扬之词的神奇语言日益热爱。慢慢地，我喜欢上了听英语广播，看英语报纸杂志，喜欢上了听英语歌、唱英语歌，又喜欢上了写英语歌，喜欢上了一切以外语作为载体的事情。这一连串可以让我获得所谓存在感的事件，让我潜移默化地认为，外语就是我生活中不可缺少的一种消遣和娱乐方式。而这种娱乐还能让我活得越来越有滋有味，所以它以一门课程出现的之前、之中和之后，我丝毫没有改变自己对它的认识——外语，就是我的一大爱好，我定要将它"娱乐"到底。

受异性关注而带来的动力

我本来是一个特自卑的人，个子不高，身材瘦小，中学时代我担心自己找不到女朋友，将来讨不到老婆。可是，我慢慢发现自己一说外语，就有女孩子愿意接近我，甚至直接对我表达喜欢（特别提示，我不是花花公子，也不是流氓色狼，我很擅长处理和任何看得上我的人的关系）。你说我能不喜欢外语吗？

所以，本章致外语爱好者。你得爱好它、喜欢它，才能跟它处好关系。同时，如果你并不爱好，也建议看看，因为只有变为外语爱好者，才有可能真正成为外语大神。

外语本该很好玩

这么说吧，外语其实就是别的国家的人说的话、写的字。我们学人家说话，学人家写字，这不是一件有意思的事吗？

在第一章的开头我就提出，"别把外语当学问"，外语是活生生的。而感情又是相互的，你把人家外语误会成学问，那么看人家、对人家，人家会对你好吗？

但是反观大多数人是怎么对待外语的呢？提到外语，大多数人都会想到什么呢？

背单词、语言点、四级、六级、专八、SAT、GRE、出国、精读、泛读、听力、阅读理解、翻译证书、职称考试、美剧、电影、文化……有人说还有我是吧（不是我自恋，是我在微信问了这个问题，在几十个人的回复中，约四分之一的人都留言了"Gari"）。挺好，这证明了一件事，外语在不同需求的人士的生活中，被赋予了不同的角色。

请注意，大多数被提到的和外语相关的关键词，都直接或间接地同"学问"有关。也就是说，大多数人，还是把外语作为一门学问，或是学科来看待的。而不同花样的考试，就是检验我们是否掌握这个学问，学好这门学科的各种标准，甚至成为我们学习外语的一大目的。同时，层出不穷的外语学习法和外语培训机构，又不约而同地针对不同类型、不同级别的考试，开设了不同的配套教学班。其实这种循环并不是完全良性的，因为它让本可以有趣的外语变得纷繁复杂，让一部分外语学习者丢失兴趣和方向。

不妨针对一些培训班多说几句。我们中的一些人可能经历过某些连环骗局。一般都是有人先挖一个坑，你陷进去了感觉不对，但是旁边立刻会出现另一个坑，告诉你到这边来可以解决陷入前一个坑的问题，但实际上你又进入了另一个坑。在当今的外语培训界，有一些自己都不知道自己是骗子的人们，欺骗着自己的同时也骗着大众。更不巧的是，数年来形成的大环境早已把"外语学习"这个犹如吃饭睡觉般简单的问题学术化、商业化、复杂化、妖魔化。用"骗"这个字眼肯定太狠，有点过分了，因为一部分培训机构是这个歪曲大环境下的产物，个别道行不高的江湖老师，可能根本没有意识到自己在骗人。

另外，教考试的老师只是教你考试，这一点都没错，人家能够教你更加容易通过考试的方法与技巧。但是，他们不会通过教考试的课程教会你外语。教考试的课程是需要你有一定外语基础的。

而还有一些培训机构，是专门提供口语培训的，我觉得这种很好。因为无论你怎样学外语，从口语突破一定是正确的。但是如果你对它没有"玩心"，你只是看到了宣传墙上大家和外教老师们欢乐的交流照片，你只是听到了促销员给你"专业地"讲解各种口语分级方法和教学理念，你只是感觉到并深深相信几万元为自己打造的高端纯外语学习环境一定能够学好……Oh, no，外语就是个技能，是无论有多高级的外因诱导，你不靠自己让内因起作用都不可能掌握的技能。只有你对这个技能感兴趣，才能愿意去学习和操练直至热爱和痴迷，从而更好地掌握和运用这个技能。所以，觉得外语"好玩"的人，才可能"学"好；而恰恰觉得外语"好玩"的人，"不学"也会好。

请注意，我绝对没有抹黑外语培训机构的意思，我自己曾经就是外语培训班的学员。另外，讲考试的培训本身就能帮助你达到你想达到的目的，人家教学软硬件齐全，本身就可以提供优质的语言教学。我只是客观地提个醒，只有自己培养兴趣，自我加压，才能"学"好。而这时候，那些优质的培训班才会真正成为你和外语产生化学反应的催化剂。

本该有趣好玩的事情一被我们复杂化，大家就忘记它的本质了。

"Learning foreign language should be fun."，我庆幸自己很小的时候就看到了这句话，相信了这句话，并一直按照这句话去"不学"。外语，本来就该很好玩。

外语所承载的娱乐性有多种体现。就是说，能拿外语玩的地方多了去了。

外语电影、外语电视剧、外语小说、外语歌曲等，网络的便捷让我们在生活中无所不能，所以既然我们已经具备了用"第三只眼"看世界的工具和能力，那就让我们多用外语见识外面的世界吧。

我上大学时，有一位公共课老师曾经说过，如果你不看电影，也不看小说，那你的生命得多苍白。我觉得不无道理。不管是视听还是阅读，我们都需要喝点上档次的心灵鸡汤；我们都需要了解世界人民的喜怒哀乐，找寻更快乐的生活；我们也需要时而逃离现实，在别人的跌宕起伏中反思自己。而思想的王国早已没了边界，这一小时你可以选择活在大教堂时代，下一小时你可以把Vespa（韦士柏，一款踏板车）骑得飞快；今天你想喝尼罗河的水，明天你可以赏夏威夷的美。而方式方法，因人而异。但外语，无疑会让你在上述所有活动中如虎添翼。

当然作为上一章"致外语学习者"的延续，这里需要多说几句。以上的所有活动，其实有心人会把它们作为提高外语的"学习"过程。

比如你喜欢看美剧。但如果你只看字幕，也不研究角色到底说了什么，你的外语不会有提高。其实如果想通过这样的娱乐过程提高外语是很容易的。你可以把自己喜欢的电影、电视剧桥段对着字幕重复看，把台词都抄下来，要是真正的喜欢，我觉得都可以背下来。这样的做法效率非常之高，因为那些表达大多是母语人士当前正在使用的话，非常地道，而且有的肯定是经过艺术处理的，更加文艺范儿。你拿过来"据为己有"，绝对是免费地得到地道语言培训了。当然，什么事情都别过分，想想咱们平常也不是像电影、电视剧里那么说话的吧，所以，从语言角度，积累点就好。

再比如你喜欢阅读。无论如何，读书，对于习得一门语言，都是有百利而无一害的。看外语书，对掌握外语最大的好处就是提高写作水平。当然前提是你要用心看，多多益善。而更有效率的读书方式是，要有意识地在了解故事的同时，顺便关注作者所使用的词句用法和表达方式。那句话怎么说的来着，"好脑子比不过烂笔头"，弄个讲究点的本子记下来，写点读书笔记，成功真心是给有心人准备的。

或者你喜欢音乐，喜欢听外语歌。歌词不用说了吧，你想学会唱怎么也要把歌词认识全了，把每句歌词读准了吧。但是有些歌词写的是不符合语法的，别通过歌词学造句啊。但是有些歌词也达到了诗歌的水准，真心可以重点品鉴一下。你要真有兴趣，就不会觉得麻烦。

我总觉得，外语就是外国文化的多维载体。掌握了外语，你会把世界看得更深、读得更透。我们需要"走出去"，外语在你心中，世界真的就在你脚下。

外语本身很奇妙

上一部分，谈的是把外语当爱好的乐趣与价值，而这一节想表达的是外语本身和其承载的多元文化之魅力。

拿我在大学学的阿拉伯语举个例子。

首先，阿拉伯语到现在为止，到底真正意义上有几个字母，都尚无定论。

其次，阿拉伯语字母只表示辅音，元音要靠标在字母上的符来体现。每个字母的读法有12种，写法在单词的前、中、后亦变化多端。

再次，阿拉伯语真正意义上只有两种词：名词和动词。不是动词的词，都是名词。

最后，阿拉伯语有动词变位，每个动词的一种时态下有14个变位。阿拉伯语经常爱重复，一个意思套着好几个词说。阿拉伯语中一个动物都有好几百种说法。

诚然，这些语言特质的确是这门外语的种种难点；但是，这也是该门外语吸引人的独特之处。另外，我在逐渐了解了阿拉伯语的这些特性之后，更加坚定了把它当爱好的决心，因为我实在"学"不来。

奇妙的事物，会引人关注。当我在大街上看见一个穿超短裙的美女，我可能不会再看第二眼了；但是看到一个帅哥穿超短裙，我一定想知道发生了什么。

而正是因为把这个大多数同学都当科学来研究的奇葩语言当成了爱好，所以我想知道这个奇葩语言中的各种奇葩的点都是怎么来的，并且在奇葩的爱好之路上奇葩地走着，走得很爽很开心。

再比如英语。

我小学的时候看过一本书，叫《英语知识小百科》，书里面介绍了英语的起源、分类、英美语区别、英美文学作品、英语中各种有趣的语言现象等。那本书激发了我对英语更加浓烈的兴趣，让我毫不犹豫地跳入书海中遨游。

比如了解英语的起源和发展，就会发现从古英语到现代英语的变化，哪怕是顺便了解一点，也可以是件趣事。同时我们也会发现，作为印欧语系日耳曼语族西日耳曼语支的英语和德语以及荷兰语有很多相似之处。这些看似与语言没啥关系，但却可以从一些侧面拉近你和它之间的距离。

更能引起大家关注的一点可能是英式英语和美式英语的区别，这一点应该相对更有研究的趣味。这两种英语在发音和语调上有着明显的区别，在某些单词的书写上也有所不同，同时在一些惯用语、口语书面表达架构上，也有各自显著的特点。

比如人做错了事，英国人可能会说："I'm sorry for my mistake."，而美国人很可能就脱口而出："My bad…"。再比如夸东西好吃，英国人可能会说："Hot-pot is probably the most enjoyable Chinese food I have ever tasted."，而美国人很可能直接来一句："Hot-pot, wow, it's my life in China!"。还有我记得一个比较夸张的例子，说一美国人掉水里了，大喊"Help! Help!"，结果一英国人掉水里了呢，他对着岸上的行人慢条斯理地说："Excuse me sir… I'm terribly sorry to bother you, but I wonder if you would mind helping me a moment, as long as it's no trouble, of course…"。 其实不管是真实的语言案例，还是笑话，都从一个侧面体现了英语的两大主要使用群体在生活中使用该语言的差别以及不同的社会文化。至于发音上的区别呢，大家可以查阅各种资料，唾手可得，很值得研究。了解这些，会让我们避免学到一种不明不白的"中式英美混合味英语"，保证我们的外语以一种更加纯粹地道的方式呈现，同时也可以提高我们对这两种英语的理解能力。这个过程，不仅有趣，而且有用。

除了这些比较有趣的"表面现象"之外，每一种语言，一定有它独特的魅力。

语言传承着人类一代代的思想文明，世代流传下来的文学作品便是它给自己织成的一件华丽而厚重的锦袍。就算你对文学作品中的故事不感兴趣，其中的经典名段也是非常值得模仿和膜拜的语言精华。

说点现代的，电影。电影其实是一种让我们暂时脱离现实生活的最直观有效的方式。而在各种国际大片横扫全球的时代，你看汉语配音版是一定看不出外语原版的味道的。所以，英语电影台词就是一种珍贵的语言材料，它比书本上的文字，要更市井、更鲜活、更接地气，而且经常承载着一些特别有趣的"段子"。你如果积累一些这样的语言并在和母语人士交谈中适时使用，你得到的趣味感和成就感会让"学外语"这个过程事半功倍。

外语的种种"奇妙感"是我们和外语打交道的又一个"敲门砖"。通过这块砖，别说敲开一扇门了，哪怕是砸出一个洞，透出一些光，也能够让我们在与外语打交道的路上不至于摸黑前行。不过，仅靠这些奇妙感与趣味性，不努力积累，也一样是不可能掌握外语的。功夫还得下，工夫还得花。

把技能培养成爱好

如果你能把一项技能培养成为爱好，那么这项技能就会越来越强。

正所谓兴趣是最好的老师。

外语在很多人看来索然无味。目前许多中学生和大学生，仍处于被动接受的状态。学校对考试分数的客观要求，本可以同语言正确的接受方式并行，但"考啥背啥、考啥看啥"的理解误区，逐渐导致了几代人对语言学习的误会和自身语言学习的畸形。没有及时地积极反馈作为精神褒奖，何来兴趣？连兴趣都提不起来，何谈爱好。

所以，把外语培养成爱好，是掌握外语最有效率的方法之一。而如果你已经爱好外语，那你已经成功了一大半，坚定方向，"玩"下去即可。

那么，如何培养呢？

试想，一个人总有爱好吧。你要说你的爱好是睡觉，那我真的没有办法。

用外语作为你的爱好载体，去践行你的爱好，慢慢你就会爱上外语了！

比如你爱看足球，你不妨去收听国外电视台的直播解说嘛。或是你热衷于某一个球队，那么干吗不去球队的官网下载些球队的历史和战绩介绍呢。再或是你是某位足球明星的死忠，那更容易了，各种网站、论坛、贴吧或者该球星的Facebook、Twitter账号下面的留言都是你的语言学习材料。

可能你要问了，我看这些东西，有用吗？问出这个问题，就是长期被错误观念束缚的结果。外语，没有有用和没用之分。积累任何正确的语言素材，都对个人的语言水平提升有着积极的作用和影响。

此时，要提一件事了。光听光看，那是输入。只有输入，没有输出，语言还是行不通。所以，在你看了一些材料之后，勇敢地去找机会把它们用出去、说出来。开始可以不用非得练得特别好了才去说，但是如果能准备一篇不错的关于足球或球队、球星的评论，那可能就事半功倍了。当你真的用出去之后，聆听对象对你的夸赞甚至惊讶的目光都会增添你在外语学习过程中的成就感，这样的积极反馈会让你乐此不疲地重复这个过程。殊不知，你已经走上了拿外语当爱好的道，方向对了，速度由你控制，开窍成功，早晚的事。

若以我为例，则需看下节。

从爱好外语到爱好音乐

我喜欢音乐。

我喜欢听音乐，也喜欢创作音乐。

不是说用英语作为载体来从事自己的爱好吗！对，那么我就听英语歌，唱英语歌。

我最初喜欢的英语歌曲类型是乡村音乐。原因是歌词简单，生活化，叙述感强，吐字清晰，特别像在说话中加入了音符。当然，这都是我在喜欢上了乡村音乐之后才发现的。

我对于真正喜欢的事物，会细细研究。比如听英语歌，对于喜欢的歌曲，前几遍，我从来都会看着词听，当然想学唱的时候，更是如此。

对于乡村歌手，我喜欢Alan Jackson（阿兰·杰克逊）、Brad Paisley（布莱德·派斯里）、Josh Turner（乔什·特纳）、Kenny Chesney（肯尼·切斯尼）……当然还有John Denver（约翰·丹佛）。他们好歌无数，而很多虽然已经不流行，却陪伴了我的青春岁月。

另外，乡村歌曲的唱法，是最接近正常说话的感觉的，发声的位置在所有唱法里相对最接近说话位置的（除了说唱）。所以，如果你想用唱英语歌来练习英语发音，找到相对正确的发音位置，那么乡村歌曲再好不过了，甚至最终可以帮你找到你的英语嗓音。

从学唱，到把握节奏；从语感，再到乐感，人对于爱好的投入往往没有目的，而这种爱好式的熏陶，却是一种效率极高的积累。

爱好，我会积极地玩，我会疯狂地玩。

所以我参加了歌曲比赛。我大一凭借*Countryroads Take Me Home*获得"二外"校园外语歌曲大赛总冠军，但是我觉得不是因为我唱得好，而是因为我唱得最像外语。

所以我报名加入广播台，当上了英语广播员，学会了使用Cool Edit录歌，录了好多，对比跟原唱的异同，就像又回到了中学时代玩英语一样，乐此不疲。

我的各种K歌账号都叫"张博Gari"，欢迎关注。自己的书随便加广告真爽！

从爱好外语到痴迷RAP

在用外语进行日常工作之余，我把外语消遣到了另一个极端的爱好。

用外语饶舌。RAP in English.

首先，我并不是个真正意义上的嘻哈音乐爱好者。我只是觉得优秀的RAP作品像诗歌一样美，另外，我喜欢Eminem。

从我第一次听到*Lose Yourself*，便感觉时间都凝固了；心想这世界上竟然能有这样一种主流的音乐形式，真心让我耳目一新。

随后我看了*8 Mile*，才真正了解了这首歌的含义；看完后，我总说，即使你不是嘻哈迷，他"屌丝变天王"的奋斗史，也是值得了解和学习的。

后来我在广播中听到了*Just Lose It*，我开始在起床后和睡觉前划出固定的时间听这首歌，直到我把它练会了，又一次试着在同学们的KTV聚会中试唱了一次，他们惊呆了。

再后来我在广播台的电脑里发现了*My Band*和*Without Me*的MV，我觉得原来他不仅霸气，而且还会搞笑。原来说唱也可以是充满娱乐性和幽默感的。我开始刻意地对他的歌单曲循环：*Business*、*Square Dance*、*Real Slim Shady*、*Stan*……

很久以后，我听到了一首歌叫*Love the Way You Lie*。

温馨提示：我与RAP的故事，现在开始。

那是在KTV听到的，一个女孩点了这首歌，着魔似地看着MV，表现出对Eminem疯狂的喜爱。

我问："你喜欢这首歌？"

"超级喜欢！"她不住地点头。

我说："十天之后，我给你在KTV唱这首歌，唱得肯定没他好，但是肯定会让你喜欢和满意。"

"十天？不可能！敢打赌吗？"她表示强烈怀疑。

"这样吧，我劝你也别赌太大的，就一顿烤鸭。十天之后，我们还在这儿见。唱得你满意，请我吃烤鸭；有一点儿不够满意，我掏KTV的钱，外加请你吃烤鸭。"因为我把这歌仔细听了一遍，也了解自己的英语能力，所以，信心满满，决定逗逗她。

"没问题！"这丫头痛快地答应了。

我回家后，"精读"了这首歌的歌词。一个词一个词地研究了他的唱法、连读方式、气息控制，练了几天，录了一版，给那天同在KTV唱歌的发小发了过去。这位发小发来俩字：厉害。

十天期限转眼即到，KTV"赌局"如约而至。

我忘记了在我开口后那女孩的眼睛到底睁到了多大，只清楚地记得我随后吃了一顿免费的烤鸭。

又过了几天，我去那位发小家吃饭，饭后，他跟我说起翻唱这首歌的事情。

"我最近在网上看到了很多唱这首歌的视频，你也可以录一个传上去玩玩。"

我毕竟喜欢不要脸地炫耀，哪受得了他煽风撺掇，便决定以身试水。一是还算喜欢这歌；二是练习得自认为差不多；三是我当时感觉自己每天都在"上学"，所以想在"课余"之外玩一玩。我要说，这位发小就是把我推进说唱这个火坑的那个人。

所以，这位发小就是这段在网络上广为流传的名为"宅男一枚，斗胆翻唱 *Love the Way You Lie* — Eminem ft. Rihanna"的视频之始作俑者。该视频是在他家用他的照相机所拍，道具全部是他的，灯光是他设计的，场景是他的写字台。

与绝大多数用恶搞博眼球求点击量的网络视频不同，这段视频中，我以一个瘦弱的宅男学霸形象，单靠一条舌头、两片嘴唇，以坐姿完成了一首澎湃神曲的翻唱，间歇副歌洋溢着淡定的动作神态和犀利的内在表演。说实话，我喜欢我兄弟这种简约却充满力量的视频设计。

该视频上传第四天，点击量就开始以每分钟增加约1000的速度增长；20天，点击量超过了50万，一个月超过了100万，没多久，就上了200万，现在是300多万。

看到点击量的"佳绩"，首先惊大于喜；而后好奇地翻看评论，包括优酷视频和人人网，发现收获更丰。我不仅看到了很多会赏识精品的人，以及很多颇有建树的留言，包括非常中肯的建议；当然也见识了中国的很多"三低"网友，也体会到了他们让我不寒而栗的百无聊赖。同时意识到，外来文化在年青一代中的传播，绝对不应该是一个弱化或变味的过程，对于外来文化，需要带着敬畏的心，不浮躁，去探究。

我从未想过和预判自己可以成为网络上的"小红"，但我学会了可以接受正负两面的社会评价。有人夸"淡定饶舌哥",就一定有人说"装腔作势"。我学会看清了第一种人要么是有品位的大神,要么是有情趣的高人;第二种人要么是想用嫉妒给我极端的肯定,要么是纯属对社会不满在四处犯病。不过这段视频对我最大的意义在于我知道了自己还会用英语来RAP。

同时,我决定要认真地研究一下这门技能了。一是为了给爱我的和恨我的人一个交代;二是我有点真正爱上了这门说唱艺术。

所以,我写了一首英语RAP,叫*Not A Rapper*。

我不懂音乐,不懂那些说唱的术语,连"flow"这个词之前都没听说过,更没有"freestyle"……我只是一个会说外语的geek(书呆子),我不是什么饶舌哥。所以当我有一天突然想到这些的时候,个人首支原创英语说唱*Not A Rapper*,在2012年4月21日我27岁生日那天,应运而生。

我想用一首有水平的原创RAP告诉大家,我不是Rapper。

我在所谓的音乐圈根本没把自己当回事儿,但也没把自己太不当回事儿。我试着去用一首说唱去证明自己不是说唱歌手。我很想让大家看到那首*Love the Way You Lie*翻唱,点击上传视频的这个账号的"其他作品",还能看到这首歌。

当然我以为这首歌不会传播开,可是结果又一次出乎我意料。

该歌曲在国内的说唱圈引发了一些关注和讨论,这让我更加相信"无心插柳柳成荫"。有不少嘻哈人士对这首歌大加赞扬,甚至有知名音乐人在微博对这首歌点赞,更有明星在微博转发并夸赞了这首歌,甚至开始有音乐比赛主动邀请我去参加。

我在单位领导的允许下，有选择地在若干舞台上秀了几把。说实话，我是满足一下自己大学时代想参加却没参加成的几个歌唱比赛的遗憾。我万万没想到的是，脱下西装的自己，还真的成了很多人眼中的说唱大神，实属惭愧。

重要的是，我把英语这门爱好玩到了音乐世界里。

就像 *Not A Rapper* 的歌名，我绝对不会把自己当作什么饶舌歌手。我只是觉得这是我用英语写日记的另一种表现形式，我把文字用曲调和节奏装帧起来，变成了一种配乐的文章。

英语对于我来说，是不折不扣的爱好；而音乐对于我来说，更是忙碌生活的调味剂。我想，每个人都有享受音乐的权利，都有享受任何音乐形式的权利。

京剧里分专业演员和票友，我就是音乐圈中的业余票友。或者说，我任职单位的工作是我一餐中的头道菜和主菜，玩音乐是餐后的甜品或咖啡。但是从音乐的专业角度讲，我愿意把自己的原创音乐做到专业级的水准。因为我认为，我有义务把自己这骨灰级的爱好，做到自己满意，并且娱乐到老。

我深深爱上了这个将英语与音乐结合起来的"游戏"，那么，第二首原创歌曲 *Game* 顺势而生。

2013年10月21日，*Game* 通过网络发布。这首歌的歌词是我用了一年的时间总结出来的。它交织着我经历的暗淡与自我欣赏的辉煌，挖掘出深埋内心的梦想，同时表达了积极乐观的随性态度，我把这首歌归类为"励志歌曲"。我和我自己的"御用"作曲王楠，将说唱乐、交响乐、新世纪音乐大胆结合，试着让全曲大气恢宏，霸气十足。相比之前的 *Not A Rapper* 或是其他翻唱，这首歌语速快了可不是一点儿，句句像机关枪一样，迸发出我那"不要脸"的超凡气质。另外我故意添加了些炫技感，不能那么容易地就被翻唱出来，哈哈哈哈。

我很爱这首歌，歌词我是按照"押韵演讲稿"的标准来写的，也基本上是我"艺术人生"的一个缩影（对不起各位，从上一段夸自己开始我就憋着不笑，但写出这句话之后我笑了）。不过说一千道一万，歌如其名，我真的不是做音乐的，只是个外语爱好者而已。

这首歌带来的结果是，我被很多饶舌歌手约歌。虽然我迄今一个都没做，因为他们约完就没下文了，也许人家是客气一下。我说实话还期待着呢，手里库存的段落有好多呢。但是我相信那句话，圈子不同，咱不硬接触。人家的肯定，咱们感谢地收着就行了。另外，我被三次邀请出席，两次主持了中国嘻哈颁奖典礼。我衷心感谢主办方的错爱，只拥有两首歌曲的"嘻哈音乐人"！何德何能啊！

有报道曾给我冠以"颠覆者张博Gari·央视饶舌主播玩转双面人生"的标题，我挺喜欢的。一来充分表明了我外语人的本质；二来体现了我非要用外语娱乐的态度。定义是外界给的，我不想故意颠覆什么，只是想永远用外语"玩耍"着。

所以，"独立唱作人"是个自嘲称呼，不足挂齿。但是我用外语写歌的过程，着实让我又找到了一个用外语同世界交流的方式，一个同自己交流的方式。

I'm NOT A RAPPER, I just love this GAME.

这两首歌在各种音乐平台都有，欢迎搜索聆听。

语言和音乐的关系

刚刚那段讲的是个人用外语饶舌的故事，而这一段，是想分享一下自己发现的外语和音乐之间的客观关系。从我个人的角度进一步扩大对外语的认识，也算是不断总结出来的外语的趣味性之一。

语言具有音韵美

我总说，要把一种语言说得给人以美的享受，不光语音语调要正确，还要掌握母语人士所有的节奏和韵律，将语言生动化，让语言像水一样流动起来，像人一样呼吸起来，赋予语言本该拥有的强大生命力。

这点其实要求有点高了，但是说话好听肯定是有利无害的。当然，我个人认为，语言所承载的思想和内容，比听起来悦不悦耳更为重要。但这并不和它客观具备音韵美而相互矛盾。我们对于母语的节奏韵律与生俱来，而对于外语，如果踩到了它本身的频率，那在口语表达能力的提升上可能更加容易，也就是我们通常说的更加地道。

那么，这个看似虚无缥缈的"音韵美"和音乐有什么关系吗？我们的母语汉语，每个字在没有特殊情况下，发音长度几乎是一样的。而我会的两门外语，都是有强烈的长短音差别的。一种语言习惯性地有长有短，这就形成了韵律。

试问，音乐当中是不是有明显的长短音区分呢？当然有。

全音符、二分音符、四分音符、八分音符、十六分音符、三十二分音符、切分音、三连音、符点音符等。我庆幸自己没有在中小学的音乐课上做数学作业而认真听讲了，这帮助我在听到英语和阿拉伯语的时候，会下意识地用这些节奏来找到说这些外语的节奏。

比如：

Nice，我会把它想象成为一个全音符。拉长，饱满。

Nice try，我觉得不用拉那么长了，像两个二分音符，平分了这一个发声过程。

A little bit，我就会想象成类似于四个四分音符。短促，利落。那么如果用正常语速应该更像是八分音符，速度加快，但是整体的节奏配比没变。

Remember、deposit、responsible，这些词中间总给我的感觉就是带了个符点音符，我会在跟读中故意强调出这个符点的存在。

而阿拉伯语呢？那就更明显了。

所有不带柔母的三母简式动词，都是三连音。

四母词汇，和أفعل式动词，不妨理解为四个八分音符。

所有فعل式动词，觉得可以理解为带强弱的三拍子。

如果我说这些，你有感觉，那再好不过了；如果没有，也没关系，我个人是爱好得有些疯狂了，说出来给同样的"疯子"们听，其他的朋友们不用强求。

总之，这两门外语的长短音，很多我都是下意识用音符来形成的，觉得很神奇，很有趣，这也是我喜欢外语的一大原因，在这里跟各位分享一下吧。

关于唱外语歌

把外语歌唱得真正意义上的好，一定是要以把这门外语说好作为前提。

请注意，我说的是"真正意义上唱好"，但实际上，我们爱唱外语歌，不一定非要做语言大咖。然而我个人认为，要想唱好一首外语歌，最起码要把这首歌的歌词精读，达到每一个表达都明白和每一个单词都发音正确的标准。

我个人曾经用五种语言唱过一首名为 *Nothing's Gonna Change My Love For You* 的歌。其中西班牙语、俄语、法语我都不会，我就找了各自会说这些语言的牛人，请他们一个词一个词地教我，不仅是发音，还有每个单词的意思。特别是俄语和法语的部分，都是我们外语频道同事的杰作，他们还给我讲了对歌词再创作的理念，让我们更好地理解了歌词，完成了这首多语种歌曲的翻唱。因为我觉得，爱好，也应该玩得专业。

本章所有提到的音乐、MV，都可以扫描封底的"张博微信公众号"二维码收听和观看。

我写到现在，才发现书的这一章原来是打歌用的。

爱好，代表一种态度

接触和爱上外语给我带来最大的体验就是对世界态度的改变。

掌握了外语之后，一方面，我发现自己与世界各地的朋友交流越来越没有障碍，身处他们之中，我感觉自己很能融入他们。而每每看到不同国籍、不同肤色的孩子们在一起玩耍，心中都会自动配上*We Are The World*的背景音乐，一种博爱的感情油然而生。

另一方面，我用外语关注世界的方式，缩短了自己和世界的距离。这不仅让我出国后更容易达成交流，而且培养出我以情怀化的眼界去看世界的态度。当你真正听懂各国媒体不同声音的时候，当你真正看懂各国人民写的文字的时候，当你能够直接通过读懂语言而感悟到不同背景、不同文化的时候，我想，那时你的外语，才从真正意义上变得有意义。

再有，和外语打交道的过程让我变得心很大，让我觉得，所到之处，便是家。而这种心态反而让所到之处的人们不把我当外人。一来可能是由于我把掌握的两门外语都说到了听起来还像那么回事的程度，让人家以为我是他们其中的一员；二来也应该归功于外语为我拓宽的眼界与心界，让我切实感觉到，这个世界是属于我的。它不仅仅是一个地球村，它处处都可以是我的家。

而这种融入世界的活法看似有些虚无缥缈，其实却造就了我随性的品格。而随性的品格更娱乐了我和外语的关系，让我的外语有更大、更多、更广的平台去展示。而一次次这样的经历又给我的外语镶上了一层层五彩金边。所以我越来越不把外语仅仅当作交流沟通的工具，或是糊口谋生的手段。语言，是有生命力的，是一个时而恬静如水，时而豪放野性，感情细腻丰富、活生生的精神载体，是我这辈子最好的朋友。沟通无障碍，交流如有神。

说了这么多，就是为了证明一件事：

真正的好外语，绝对不是刻意"学"出来的；从某种意义上讲，是用一种认真的态度，"玩"出来的。

专业地爱好

没错，我对自己的所有爱好，无一不是专业地爱好着。

比如我喜欢养鱼，我家养着一条金龙鱼和一缸海水鱼。

在买鱼之前，我先买了几本鱼类饲养的书，并在网上查了我想养的鱼的习性和鱼友饲养心得以及饲养失败案例，用半个月学习了水族箱循环过滤的生化知识。

然后我确定了我需要买的鱼缸，以及一系列配套的设备。按照书上和网上介绍的，开始"养水"。半个月过后，我买了自己喜欢的鱼入缸。

虽然养鱼一定会遇到鱼儿死亡，但是我通过"专业学习"后养活的鱼，肯定比养死的鱼多。我觉得，爱好，专业地玩，才更有乐趣。

又比如我喜欢音乐。

从小到大，我从没有把音乐课当过"副科"，每堂音乐课我听得和数学课一样认真。我记得上初中的时候有一节音乐课欣赏《蓝色多瑙河》，半个多小时里，我跟指挥似的兴奋了整支曲子。

虽然一直没有"专业"地参加过什么声乐培训，但我在小学和初中都是学校和班级合唱队的领唱，在训练的过程中我知道了什么叫"和声"。

对于喜欢的歌，我会把歌词抄下来，会听歌中和弦搭配的特点，还会着重听歌曲"人声后面的音乐"，当然后来我知道那叫配器和编曲。

再后来，我学习了古典吉他，知道了"键盘乐器里钢琴最难，弓弦乐器里小提琴最难，弹拨乐器里古典吉他最难"的说法，我买了很多世界名曲的谱子在家练习。

接下来我翻唱了几首歌，也出了几首原创歌，参加了几个歌曲比赛，赢了锅、碗、瓢、盆、电脑、iPad，还受单位领导重托，包办了阿拉伯语频道所有原创节目的主题歌演唱。

我喜欢玩音乐，没有任何功利性目的，只是单纯地喜欢，但是也愿意把音乐做到"不是专业，胜似专业"的水准，这也是我的习惯。

再比如我喜欢外语。

能把一门"学问"当作爱好，这可以被称作是一件大大的幸事。

我对外语的爱应该是情人般的。不要想歪，是正当的情人。Lover, or valentine, for whom I could spend however long time and however much energy in devoting my love.

可能你会问，你怎么会拿外语作为爱好呢？我们来分析一下爱好的成因吧。

我们之所以有某种爱好，是因为该爱好可以让我们开心，让我们愉悦，让我们获得肌体或精神上的享受，让我们领略物质或意识上的快感。

外语，就能给我这些感觉。

我身材不高，相貌平平，可是我一张嘴说外语的时候，别人会对我刮目相看，这给我莫大的成就感。

我唱歌气息不行，高音不稳，可是我每次唱外语歌的时候，好多人会夸我唱得特好，这给我莫大的满足感。

我没学过主持，更没接受过什么台风表演训练，但我被人推到台前用外语主持了一次次活动之后，台下的掌声震耳欲聋，这给我莫大的鼓励和进步的动力。

所以，我把自己基本掌握的这三门语言，都说到了张嘴能"勾引人"的学术标准，唱歌能"唬住人"的娱乐标准，也都操练到了可以拿来主持和配音的行业标准。

我发现，专业地爱好，给我的生活带来了无数副产品，让它变得更加五彩斑斓，我就像同时拥有好几个生命一样。所以我坚信，专业地爱好，给爱好专业般的尊重对待，它会给你带来意想不到的未来。

P. S. "专业"二字频出，也算引起下章吧。

本章小结

在此，我只想以英国大作家查尔斯·王尔德的一句名言结束这第二章。

We ought to give our ability to our work but our genius to our lives.

将能力用于工作，使天分融入生活。

自勉，共勉。

致外语专业者

温馨提示：本章不仅适用于外语专业的同学，也适合想让自己的外语水平达到专业级别的朋友们。

本章看似比较严肃，所以我准备以一个轻松的方式开头。

这些年，很多人问我："张博，你为什么学阿拉伯语呢？"

我在选择专业的时候，几乎是毫不犹豫地在我可以选择的法语、俄语、德语和阿拉伯语当中，选择了阿拉伯语。原因如下。

一、阿拉伯伊斯兰世界，永远是国际新闻中的一大焦点、热点地区，那么阿拉伯语，无疑是小语种的"冷中之热"，学了不愁没地儿用。

二、听邻居阿姨说，很多学阿拉伯语的都能进入很好的企业，并且外派后能在中东各地赚钱。

三、法语我听过一些，知道几个单词；我家有本德语字典，没事儿时翻过；我爸会几句俄语，教我模仿过。就阿拉伯语我完全没打过交道，而且看起来很好玩、很性感、很酷的样子。

就这样，我成为北京第二外国语学院阿拉伯语系的一名学生，开始了我的外语专业之旅。

那么问题来了，外语专业也不用"学"吗？

请翻到本书"写在前面的话"的第四自然段。

"本书名中所指的'学'外语，是不包括语言学、翻译学、文学等语言专业研究范畴的。"

所以，外语专业在上升到"研究"范畴的课程时，是一定需要"学"的。不仅需要"学"，而且还需要大量的阅读和钻研。但是，在接触一个全新的外语专业的时候，也需要在专业外的一些方面进行考量，用一种最有效的方式去击破这门外语的各个难点。诚然，这需要方法，需要时间。然而，我们需要静下心来，扪心自问，外语专业真的只有写论文、搞研究吗？外语专业的学生真的就只能硬着头皮埋头苦读吗？一些难度很大让我们很难适应的外语就只能带给我们学习的痛苦吗？

不一定。

在阿拉伯语系的四年时光里，我不断思索着外语专业能给我带来的意义。可能除了精读、泛读、听力、翻译之外，它还能给有心人带来更多更广阔的空间。

本章，致外语专业者，且行且思索，自勉且共勉。

何为专业

本章提到的"专业"，要从两个不同角度去理解。

一是一种狭义上的表达，指高校开设的外语专业；二是一种广义上的表达，指外语水平之高，堪称专业。我相信，本章中出现的一切"专业"字样，都可以根据上下文语境判断其相对应的意思。

在本书第一章中的发音部分提到过，我把外语水平分为"好"和"看起来好"两种。这种分法其实代表两种专业素质。

首先"好"的标准是什么？怎么算外语"好"？一方面可以理解为，你的外语成绩比较到位，各种考试门门拿下；另一方面可以指，一门外语的听、说、读、写能力都达到了母语级别；还可以指你可以用外语做事挣钱，翻译、谈判、采访、演说，样样精通。这就是专业级别，技术性强。

那么"看起来好"又怎么理解？就是你一张嘴，别人马上瞪大眼睛，或者下巴掉下来，不仅瞠目结舌，而且赞叹不已，一声声"大神"叫个不停。这种"看起来好"的外语的最高境界，我认为是"性感"。试想，如果一个人说的外语可以用"性感"来形容，那这个人一定把外语"玩"到了另一种"专业"级别。换句话说，这样的外语，艺术性高。

这两种"好"是平行而交叉的两种标准，两者相互作用，相辅相成。前者"好"，代表实打实的实力。后者"看起来好"，看似表面文章，实则是把外语"玩"到了一定境界，体现出了外语人散发的独特魅力。而有实力的人，必然有魅力；有魅力的人，实力也不会弱。就像摩天大楼，楼体高耸入云，内部金碧辉煌，同时让用户住着舒适，那才称得上是一座完美的建筑。

专业的高手，可谓技术艺术兼备，实力魅力并存。而外语专业的学生，应该将这两种"好"同时作为自己的专业学习标准。

外语专业需要专业

这些年，我收到过相当多来自各年级英语专业同学关于如何提高英语水平的问题。对此，我个人有时甚感奇怪。我曾经想当然地认为外语专业的孩子外语都没问题。

试问：

外语专业的培养目的是什么？

我想，应该是培养学生熟练掌握外语和相应外国文化，并能用外语进行相对高级别的听、说、读、写、译，同时拓展学生的国际化世界观、人生观、价值观，教会学生科学的学习方法和思维方式，建立并夯实综合的外语和社会人文科学学养。

"没有金刚钻，别揽瓷器活。"对于个别老师，没有过硬扎实的个人水平，没有教出好学生的本事，岂敢站上讲台？岂敢传道授业？岂敢著书立说？岂敢建系立院？

不好意思，有点cynical（愤世嫉俗）了，但是我想留着上面的话，我希望外语教育行业中的所有人都对自己手中的活儿负责，对自己面前的学生负责，对教育本身负责，对自己负责。

外语专业、外语学习，都太需要一个良性的循环。而整体良性循环一定是由每一所学校、每一个专业、每一个班级的良性循环和正确的学习氛围构成的。

而作为外语专业学生，从普遍性上来讲，很容易被外语专业的某些大环境束缚、限制。有些同学甚至一进校就因该专业的某些就业形势，形成了思维定式。殊不知，这种看似提前把奋斗目标定好的学习方式，也许会让自己变成该专业的奴隶。不妨换个角度考虑，适时撕掉自己外语专业的标签，踏踏实实地想一下自己选择外语专业的初衷。

那么问题来了。

外语专业的人如何"学"外语呢？

外语专业的人如何"学"外语

个人给外语专业同学的建议是：

一、外语方面

从最基本的语言要素入手，先问自己几个问题：

你的外语发音正确吗？标准吗？地道吗？

你的外语朗读能力如何？

你能写出漂亮的外语自荐信吗？

你能随时随地流畅地用外语做两分钟的自我介绍吗？

如果以上问题的回答都是肯定的，那么请再问自己：

你可以在准备48小时的情况下，做一个外贸谈判或国际工程研讨会的即席口译吗？

你可以在任何场合下对生活中常见主题用外语发表三到五分钟自己的观点吗？

你可以不靠Ctrl+c/v（复制粘贴），用外语写一篇学术论文吗？

你可以用外语吸引异性吗？

如果这些又都是肯定的，我觉得你一定是个非常优秀的外语专业学生，而且在学习和工作中也一定是个干将，同时在生活中也是个魅力无限的人士。

而如果起初几个问题就有不肯定的答案，那我真心建议，请放下外语专业的"专业"包袱，从那些最基本的技能入手，认真踏实地花几个月强化一下自己的语言，包括发音，包括朗读，包括遣词造句的流畅度，这些都是可以通过有声阅读大量不同级别语言文本来提高的。千万别觉得自己是外语专业学生，就应该整天看高大上的文学作品，或是研究所谓的高深语法，或是张嘴闭嘴以外语教学术语自居，更不能盲目地一味追求专业课成绩。只要真有货，你的成绩自然会好，也会更加容易地掌握那些看似学术的部分。只要将那些从易到难的问题一一击破，你的各门成绩不会差的。最关键的是，比你单纯为应付考试和追求成绩突击复习来得实在多了，意义也大多了。

请记住，外语专业学生，外语必须学得好，要同时具备"好"和"看起来好"两个标准，不然，就改行吧。

二、文化方面

越"大"的词汇，反而都体现在微小的细节上。对于文化，除了老生常谈的"多读书，多积累"，别无他法。中国人常说的"有没有文化"，无非就是问"书读了多少"。

其实跟外语有关的话题，谈多了就这么点儿事。我们常说"文化积淀"和"文化底蕴"，这些词汇，一看一想，就是靠时间和质量来保证的。

"读万卷书，行万里路。"我自知读书太少，但我从小看的电视多，见的人多，和人交流多，也走了不少地方。我这样一个才疏学浅的案例虽不能当作正面教材，但可证明见多识广的行走和交流一定可以增加一个人的知识储备，在文化积累方面是读书的一个有力补充。

另外我总觉得，不论干什么，只要决定去干，态度一定要积极。生活态度、工作态度、学习态度均是如此。而外语人士是要致力于所谓"架设文化交流桥梁"的，所以更要主动提高增加文化修养的意识。

另外，学习一门外语，其对应国家地区的历史、人文、地理、宗教特点、风俗习惯总会感兴趣吧。挑一个或几个最感兴趣的点或面，一可以当作兴趣来了解，二可以当作方向来研究，不断地深入钻研下去。你可能在某一天就成了这方面首屈一指的专家。事在人为。

而"文化"还可以从另一个角度来理解，就是群体的习惯。从这个意义上来说，校内的专业课固然重要，但校外的大课堂，多去上上也没什么不好。同他人交流与沟通的过程，就是一种文化传播的过程：跟年长的人交流，他们的经历经验势必会给你带来"胜读十年书"的畅快淋漓之感，但是你需要"批判地接受"，因为经验主义有可能也是狭隘的代名词；跟年轻人交流，你可以切身感受到他们的活跃气质，他们所承载的文化是更加包容的、更加前卫的、更加具有未来感的。兼容并包，每个人都是一本书。开卷有益，和每个人聊天都不浪费。

三、学养方面

学养者，学问与修养也。注重自己学养方面的积淀，就要从点点滴滴的专业累积中，提高自己与专业直接或间接相关的文化底蕴和学术修养。

跟所有人文科学一样，外语专业培养出来的应该是一种认识世界的方法和态度，造就的是一种国际自信与人文情怀。所以，外语专业的同学绝不仅仅应该把外语学好，还应该能静下心来，思考和体味外语专业能在不同的维度给我们带来什么。这一点，其实比专业课成绩更为重要。

而我在第一章提到过，人文科学还有一大特点，就是不能什么都靠"量化"来完成。打个比方，你如果问我背多少课文或听多少录音能够让自己的书面表达和听说能力提高到什么程度，对不起，我无法告诉你，就是有人能告诉你，你也最好别信。因为，人文科学是不能靠数值来衡量学养深度的。这也是在之前提到的，外语，绝无过量之说。

另外，在人文科学的研习过程中，很难说你看一个东西有用没用。语言专业方面，狭义来讲，就是很难说你看一篇文章、读一首诗歌、背一篇新闻、记一个单词到底有没有用。所以对这一点认识到位之后，有些诸如"做某某事情/看某某有没有用"的问题就不用提出来了。对于语言专业的我们，很难说什么是有用的，更难界定什么是一定没用的。

所以，"杂家"一说，就很好理解了。我在入职电视台前后一直听到"主持人要做杂家"的说法。其实，外语专业也需要有做"杂家"的素养与勇气。退一步讲，任何一个职业，能做到"杂家"，都是有百利而无一害的。你若只是秉承严谨的学习态度，仅在同一个维度死学苦学，上满发条，那么我赞扬你的毅力，但同时也有一丝丝担心，我担心你有一天会因为过度疲惫而突然不想学了。所以不妨多多尝试和体验一些不用"学"的轻松时刻，合理配餐并多方位吸收营养，相信你会事半功倍，开心满满。

专业功夫在专业外

"专业的功夫在专业外"，这个不知道能不能上台面儿的理论，是我从高中时代意识到的，也是我学了外语专业之后多次印证过的，也是我一直以来秉承的对于外语学习的观点。

这里根据对"专业"的不同理解方式，可以分两个角度详述。

第一个角度，如果你是某个专业的学生，想把这个专业学好，必然需要专业课程之外的思维补充。也就是说，想把专业学好，除了把专业课学好之外，还必须在专业课堂专业书本之外的领域下功夫。

外语专业更是如此。由于外语专业本身就是一门技术，有些人士甚至认为外语并不能被称为一个"专业"，这种看法不无道理。这就要求外语专业的我们，绝不能拘泥于学校课本中的那些专业知识。下面所提到的，都跟外语专业没有太多直接的关系，却是外语专业的学生成功的几项必备素质。

首先，还是多次提到的"杂家"理论。你的知识面，在相当程度上决定了你可以把外语学得多好。

语言是思维的承载，你想用语言流畅地表达，一定要先做到的是，让自己尽可能涉猎足够多的领域，让大脑中积累足够多的知识。也就是说，想说得好，不能光练"说"，还得练"想"。只有"想"得明白，才会"说"得漂亮。

其次，除了知识的积累和知识面的拓宽，我感觉，你的性格和你为人处世的态度，在某种程度上也决定了你可以把一门外语学到多好。尤其是已经选择了外语专业的同学们，如果真的想走外语这条路，请记住，一个相对开朗的性格会让你的专业外语之路相对平坦一些。同时，与人为善和积极阳光的心态，也会是精通外语的一个很重要的前提。

看看你身边的外语大神，我说的是真正的大神，十个有五个性格都很开朗，十个有七个都很有魅力，十个有九个生活应该都是有滋有味的。这就从一个侧面证明了性格好的人是更容易学好外语的。（当然，颜值高的人好像也更容易学好外语，我有一些例子可以证明这点，但是此处不好详谈……有些朋友看到这里也别灰心，你看张博的外语不就学得挺好的吗！）所以，你要是想把外语专业搞通搞精，关键是要让自己乐于沟通、心态阳光、积极正面。如果又能同时做到修身养性、见多识广，那么外语专业课的高分数，可能只是你大学生活的一个小奖品罢了。

第二个角度，如果你想把某个领域的事情做得专业，不一定非是科班出身，很多功夫，其实在于自身的积累。如果你有足够浓的兴趣，足够大的动力，或者足够强的天赋，即使不是专业人士，也可以把它玩得很专业。

对于这一点的证明，例子就更多了。

多少外语工作者，都不是外语专业毕业。多少大学生英语竞赛的佼佼者，都不是英语专业的学生。而更有多少人，在上大学之前，就已经把英语说到了近乎母语的级别，当然，我说的是一个个在国内学出来的高手们。

外语，只不过是一门技能，跟游泳、开车、烹饪、谈恋爱，是一个道理。高校开设的外语专业课程，只不过提供了软硬条件更优越的学习环境和文化环境。学外语的人尽量莫以自己是专业人士自居；也别让自己丢失了攻克外语的初衷，成为各种分门别类的课程的奴隶；更不能把外语专业的某些硬性要求，当成是束缚自己开疆拓域的桎梏。而非外语专业的人，说的更具普遍性一点，非英语专业的人，更不用发愁了。因为靠自己的努力，你百分之百是能够达到英语专业毕业生水平的。

我在大学就上过一次英语课。听完上半节课，我就去系里提出申请免修了。可我在大学干过什么，后来干了什么，现在干着什么，不用多说了。自知不是太精，但自认为还算精彩。

专业的功夫在专业外。外语专业化，事在人为。

如何平衡两门外语专业的学习

这里，我希望探讨一下如何平衡英语和小语种专业学习的事情。

我这么跟各位说吧，从功利的角度讲，就我知道的从阿拉伯语专业毕业的人，还没有用不着英语的，除非你毕业后改行完全不用外语，这种情况单说。

从不功利的角度讲，艺多不压身。多个朋友多条路，多个技能多碗饭。我在大一时就听到"你永远都不可能拿英语和英语系的学生去竞争"和"你注定吃阿拉伯语这碗饭，除非你改行"的论调，但也正是因为听到此话，我更加不相信"专业"之说。首先，我从来不觉得自己不能和英语系的学生竞争；其次，我更不觉得我学英语是为了和英语系的学生竞争。

必须承认的是，某些小语种的确不容易学，尤其是起初难以下手，是需要暂时脱离我们熟悉的英语而单独学习一段时间的。但我们肯定这个，不一定非要否定那个。发展地看问题，接受普遍性，更要尊重特殊性。

我本人就是不折不扣的特殊性例子。

我从入学那天起，就没有把阿拉伯语当作专业来学，一直觉得它就是我的另一个才艺和爱好。所以我从不在乎我的考试成绩，因为我打心眼儿里明白自己在大学里要的是什么。当然，因为我注重口语和朗读，培养了相对正确的语感，所以我精读考试最差得过一次75分，其余都在80分以上，还上过几次90分。人各有志，我觉得够了，并无奖学金的追求。

好，本书作者太具特殊性了，下面赶紧谈点普遍性的。

如何平衡两种外语学习，并让两种外语不打架呢？

语言的使用，是一种思维方式的表达过程。

那么，使用外语，就是用外语的思维模式组织表达的过程。

而使用不同外语，就是用各自外语的思维模式来组织各自表达的过程。

也就是说，如果想说不同种类的外语，就要把每种外语的思维模式、语言特点分别掌握扎实。只要每种语言各自都掌握到位，是不会出现"互相混"的情况的。举个例子，你学的英语是不可能跟你扎实的母语汉语混淆的。再举个例子，有些国家的人生来就有双语环境，那么这样的人在其语言表达形成后，是不会把两门语言混淆的，因为两种语言分别都足够扎实。

以我为例，在阿拉伯语学习初期，我会在说英语的时候，突然蹦出一个阿拉伯语单词，比如我想说"yes"的时候，会脱口而出"نعم"，超囧无比。而当刚刚可以使用阿拉伯语表达简单意思的时候，我又时常在想不起来某个阿拉伯语表达时，想到表达该意义的英语。而到了某个时间，我突然发现这个问题居然没有了。后来经常被问到"如何做到英语、阿拉伯语同时都好"的问题，首先深表惭愧，都没那么好。但是我细想了一下，应该是学到了"都也不差"的地步，巩固了足够扎实的表达，形成了各自足够顺畅的语言思维模式，所以，混淆的机会不多。

出现语言混淆问题的人，应该是在还未掌握一门外语前就开始学另一门外语了，从而出现了两种语言使用混淆，甚至在学习过程中出现了顾此失彼的现象。

个人觉得，如果在某个语言起初的接触阶段，也许你应该先让自己完全沉浸在这个语言的环境中，试着去忘掉之前你会的那门外语。想象自己是婴儿，只会学着用这门新的语言去表达。在纯粹的单外语环境的强烈刺激下，这门外语水平可以提高得很快。而当你能够熟练地使用这门外语的时候，再用有声阅读的方式去慢慢"捡起"较早掌握的那门外语。这时候，两门外语都处在了一个相对活跃的状态，应该就不会打架了。

另外一种保持双外语状态的方法是"用外语来学外语"。

这种方法首先要求我们必须把一门外语掌握到比较精通的水准。然后在学习另一门外语的过程中，用精通的这门外语去解释和理解相应的语言要素，在比较、碰撞、借鉴、迁移的过程中，用更强的外语带动新外语的学习进程。

以我为例，在阿拉伯语中，很多动词我会选择性地用英语来理解和记忆。比如"عزّز"我就会理解为"strengthen"或"enhance"（同时要想象这个词在不同搭配下的不同翻译方法）；"تأسّس"就是"was founded"（证明很多这种形式的三母复式动词具有被动意味）；"...مما أدى إلى"即为"which led to..."（很多类似的阿拉伯语后半句表达类似于英语中的非限定性定语从句，而用英语直接解释，对于我来说能提高该阿拉伯语表达的理解和使用速度）；"استفزاز"，我会用"provocation"或"provoking"来理解（有些"大词"直接记意思不好记，但其对应的英语表达却很熟悉）。特别是，阿拉伯语中经常使用的并列与重复表达，我一定会用英语来理解和记忆。例如"السلام والاستقرار"，我看到后在脑子中反应的一定是"peace and stability"（英语表达根深蒂固）；"البحث والتطوير"一定是"research and development"（同样的，英语表达绝对更熟悉）；"الرخاء والازدهار"其实就是"prosperity"（因为阿拉伯语经常会连用同义词表达一个意思）；"عار الهزيمة وذل النكسة"我就会直接翻译为"the ignominy of defeat"……以上种种处理方式，原因只有一个，就是很多情况下，我用英语理解阿拉伯语更快、更准、更直接。

再比如，阿拉伯语中形容词短语和正偏组合的区分问题，很多时候就是英语中的用形容词还是用"of"连接两个名词的问题。当然不是说正偏组合在英语就一定是 of 短语，形容词短语就一定对应英语形容词短语，不是完全对应的关系，只是这两种形式在各自语言中的存在很是相似，可以在比较中通过互相迁移掌握。

总而言之，对于小语种专业的同学来说，不应该放松对英语学习和运用的要求。因为你会发现，无论在哪个岗位中，作为外语专业的你一定会遇到使用英语的时候。平衡两种外语，是四年专业学习的必由之路。

外语专业能够带给我们什么

我觉得，大多数人对待外语专业的第一反应应该是"一个学外语的专业"。我觉得，外语专业能够带给我们的，远远不止一门外语的收获。

一、外语专业的学生应该学会一种文理兼备、有张有弛的综合学习方法

大学生们都是从高中过来的，都有学文学理的经历。文理科特点不同，学习方法也不尽相同。而外语作为一个人文学科，同时作为一项技能和一种思维方式，我认为应该用一种文理兼备的方法去学习，去研究。

比如外语的语法，其实类似于数学思想里的归纳法。将相似的、相同的、相通的语言现象归纳在一起，总结出一套规律，那么记忆起来会更加系统化。但是之前提过，如果你还没有一定数量的语料积累，就开始循规蹈矩地粗暴归纳，那就违背了语言的习得规律，效果适得其反。

再比如数学的数形结合思想，外语习得过程也可以对其迁移借鉴。这里的"数"，需要理解为朗读的"数量"。在朗读语料到一定遍数，或是说读到一定熟练程度的时候，加上动笔书写，这不失为一个帮助巩固记忆的好方法。数形结合也可理解为"音形结合"，也就是说，在通读语段的基础上，搭配对某些单词的着重朗读加书写，这对该词汇的记忆有着推波助澜的作用。在阿拉伯语练习过程中，此作用尤甚，因为阿拉伯语字母充满画面感，每个单词都像是一幅图画，口手并用，效果明显。

当然，文科就是文科，技能还是技能。文科不能离了积累，技能不能脱离练习。光总结规律，不加码练习，如掩耳盗铃，骗的是自己。

其实我是想说，外语专业的教育和学习方法应该具备一种灵活的严谨感。成功的外语专业学生一般都多才多艺，就是这个定理最好的证明。外语专业的四年经历，除了让我们用最佳的性价比来掌握一门外语，带给我们的还有"力拔众山河、四两拨千斤"的学习方法。

二、外语专业的学生应该培养出一种国际气质

左手拿着字典，右手提着水壶，身后还背着装有各种教材教参

的大书包，弓腰驼背，油头粉面。这可以是勤奋学习的缩影，值得点赞，但不该成为外语人的气质。

有人可能会反驳，学语言就要崇洋媚外，打扮得花枝招展？我想说就算是潜心做学问，也该有做学问的魅力。有的外语教师和学霸衣着简朴，语言平实，可是眼神里透出自信的光芒，这就是知识的力量，这就是外语专业的一种踏实笃定的气质。学而不傻，学有所成。

当然，外语专业毕业后能继续深造或继续钻研外语的，只是少数。大多数毕业生还是会选择找到自己的第一份工作。

在一些面试中发生的情况是，在你进门的那一瞬间，考官已经决定要不要你了。其实最初的工作，细心的小学生都能干，招谁不是招啊。我们作为外语专业的学生，应该从入学第一天起就要有意识培养那种国际化气质，要试着具备一进门就让别人对你有好感的魅力，尤其是让高人对你有好感，这点很重要，也是自身建立自信的一种积极暗示。外语给我们打开了看世界的窗户，我想我们更有理由见多识广，以求气质不凡，"师夷长技以自强"。

三、外语专业的学生应该具备更加先进的看世界的高度与态度

如果你认为，四年的外语专业仅是教会你一门外语的话，那你就大错特错了。

你要搞清楚的是，任何人文科学都是在你面前打开的一扇窗户或是赐给你的一道门的钥匙。你打开这扇窗，推开这道门之后，看到的那个新世界，才是你要飞翔的天空、奔跑的大陆、遨游的海洋。

而外语这把钥匙所开启的这扇窗、这道门，相对于其他学科，我认为可以更加直接和形象地为你展示一个直观的世界。"世界这么大，我想去看看"，外语专业给你提供了一个最先进的交通工具，不是你会说人家说的话，而是你用外语做载体，以最直接的方式欣赏到了最美的风景。

课本，远远不够；课堂，远远不够。你从选择了外语专业的那天起，多角度、多维度、多多益善的汲取方式就应该成为你的学习习惯。而这种博采众长的习惯，最后慢慢会形成一种良性循环的生活态度。读外语专业，修的不仅是学分；用外语看世界，修的是心境。

我是怎么学的阿拉伯语专业

其实，对于一门小语种的学习来说，大学四年除了可以让一个人初步掌握这门语言本身之外，更多的是，可以让一个人获得一种迎难而上和自主创新的学养。

比如，我的专业阿拉伯语，它很难学。话说马克思当年疯狂学习各门外语，靠自学掌握了十几门外语，而当他见到阿拉伯语时，他望而却步了。但我之前不以为然，在起初接触到阿拉伯语时，我想当然地认为可以像学英语一样相对轻松地将其掌握。然而入学之后，由于该语言各个要素和中英文相差甚远，以及该专业对学生的种种要求，我个人在学习初期一时非常不适应，甚至同父母联系商议转专业和退学之事。后来退缩无果，决定干脆背水一战。一次次挑灯夜战，一声声晨读连连，我坚信学外语唯一的有效方法是坚持。故此，一年年里程碑式的进步也随之实现。回忆起来，过去的"痛苦"，还真是甘甜。

最近回母校和学弟学妹们聊天甚欢，常被问起"师哥你当年怎么学的阿拉伯语"。今天，我就斗胆谈谈那时候在阿拉伯语学习中和别人的不同之处吧。

一、从简单口语起步入手

在当时的学习环境和氛围中，我发现自己和同学们很容易进入一种"精读怪圈"。也就是说，会把教材中的课文或对话当中每一个不认识的单词意思整整齐齐地写在旁边，会把每一课老师讲到的额外的生词和表达总结在一个本子上，会把"精读"课变成一个"解释+整理"课。殊不知，整理语言点的做法，属纸上谈兵，并且一个个纷繁复杂的语言点，单独记忆起来已经是枯燥无味，更别说缺乏语言环境，导致整个的学习过程漫无目标。

我清楚记得，当时自己用了一种比较大胆的方法。我大胆舍弃了很多高难度表达或长句难句的理解与背诵，而只去总结课本中以及课外读物中可以在现实生活中使用的句子。而这些句子中，客观上是含有很多所谓靠"精读"才能总结出来的语言点的，所以我在总结完这样的表达之后，会找几个"学友"，在日常生活中特意把它们用出去。这样既加强了表达，同时也部分掌握了所谓专业精读课的要求，最最重要的是，我认为这样的过程很生动、很有效、很有趣。它没有帮我的精读课考到90分以上，但是这样靠口语表达建立和维系起来的语感，会让我的成绩稳健保持在80分左右。那句话说得好，看你想要什么。我要我最终能开心地学会阿拉伯语，但同时成绩不能太差。就我个人当时的状态来说，简单的口语表达，是个人打开阿拉伯语大门的最佳选择。也就是说，我淡化了"学"专业的过程，而加强了对一门外语的表达欲的使用感。

值得一提的是，我的班主任和外教为我取的阿拉伯语名字叫"فاتح"，意为"征服者、开拓者"，想必他们的慧眼早就看出了我不拘一格和善于创新的优秀品质。

二、从朗读模仿胜人一筹

在学习阿拉伯语时，我认识到朗读绝对是阿拉伯语学习中最重要的一个环节。比如：

أول كلمة ينزل من السماء هو إقرأ.

这句阿拉伯语的意思为"从天而降的第一个字，即为读"。而作为阿拉伯语范本的《古兰经》（القرآن الكريم）本身阿拉伯语的意思，就是"诵读"。同时，老师在一开始就不断强调朗读的重要性。即便如此，还是有相当多的同学并没有意识到读是那么的重要。我一直相信自己的直觉与发现，这么多现象告诉我：朗读，出声朗读，一定是阿拉伯语学习的必由之路。

所以我会把自己喜欢的句子和段落，每个朗读成百上千遍。

朗读就不得不提到模仿。

我当时的寝室里有一个同学，他有一个能放磁带的大录音机，经常在寝室里播放从系里"偷"来的各种阿拉伯语广播节目和阿拉伯语名人名段演讲录音。我俩的周末上午，经常是躺在各自的床上，一边听录音一边该干什么干什么（比如给女孩子发短信），听到精彩之处会心一笑，也会停下手中的"活儿"模仿其中的语言，有时候模仿得非常夸张，我们会笑到飙泪。

我还曾经和他在学校的各种地方读文章，一人一句，读错了重新来。

我还曾经和他在各个教室的黑板上写背下来的段落，用了不少学校的粉笔。

我还曾经和他在模拟阿拉伯联盟会议上面对面比朗读，看谁模仿得更像外教。

我还曾经和他一起去校外吃饭，一起吃饱了在学校溜达，还一起去洗澡，在最放松的时候编各种各样只有我俩能懂的阿拉伯语押韵歌。

温馨提示：我俩都喜欢女性。

但是我们在一起朗读模仿的日子，是我在大学里最值得回味的时光之一。

现在我读到了央视，他读到了国际广播电台。我们还在比着读。

三、从演讲比赛找回自信

我个人在语言方面是从演讲比赛起的家，所以站在演讲台上的自己，相对比较自信。

所以，在阿拉伯语专业学习遇到没有动力的时候，我选择在大二报名参加了当时的全国阿拉伯语演讲比赛。用外语演讲是我的看家本领，在和老师一同备战的过程中也是收获颇丰。最后虽说在客场拿了个第二名，心里略有遗憾，但是这个结果还是给了我很大的成就感与满足感。最重要的是，让我对阿拉伯语产生了更多的感情。

语言是一种声音和文字的表达方式。所以即使我们学了很长时间，若不寻找场合表达，也是很难学好的。而演讲是需要提前对所讲内容字斟句酌，用文学和艺术的手段将语言进行演绎的一个过程，这对于语言功底和表达能力要求颇高，所以用练习演讲和备战演讲比赛来学习外语，绝不失为一种上乘的学习方法。

另外，不论你是外向型性格还是内向型性格，如果不善于、不乐于表达自己，也是不容易学好外语的。演讲比赛可以让外向型的人士如鱼得水，让外语学习者如虎添翼；也可以给内向型人士提供展示和锻炼的平台，克服压力和紧张后，不仅语言水平可以提高，而且势必会提高运用和玩味这门语言的自信心。

四、从文化之旅经历探求

从某种意义上说，语言，是一个民族思想文化最重要的载体。我们可以通过学习语言了解文化，也可以从了解该民族文化的角度来探究语言。

提到阿拉伯文化，和语言沾边的当数《古兰经》。抛开宗教层面，诵读和了解一些古兰经的篇章，对我们规范阿拉伯语的用词和文法，甚至夯实语感，都大有裨益。当然如果你本身就是穆斯林，或者是对伊斯兰教感兴趣，那么《古兰经》是你的必读经典。

国际政坛风云变幻，阿拉伯世界更是如此。阿拉伯国际问题研究领域需要不断地有懂阿拉伯语的人士加入。同时，阿拉伯社会问题也有大量的方向可供研究，如果有同学对此感兴趣，不妨广读论文，深究下去，把阿拉伯语作为一个研究工具，明天来中央电视台阿拉伯语频道直播间做客的专家就是你。

另外，阿拉伯国家文明古迹数不胜数，灿烂绚丽。我觉得，如果你真的做不到读万卷书，至少要去试着行万里路。当你利用假期的时间去一趟阿拉伯世界，挑一个你想去的地方，以一个行者而非游客的身份与态度经历过后，当你重归日常，也许你会为你所学的专业倍感自豪。

而我呢，在大四的时候放弃了考外交部的机会，义无反顾地踏上了去卡塔尔多哈亚运会做一名国际志愿者的路途。我觉得，经历和冒险，远比一个工作重要得多。而一次旅行的意义和留给自己的记忆，是比工资重要一百倍的一辈子都回味不完的财富。

以上便是我对阿拉伯语的点滴回忆。对了，那天有个学妹问我喜不喜欢阿拉伯语，我回答说，"不喜欢。"因为一直以来，我都爱死她了。注意，不是爱死这个学妹，而是爱死如同情人一般的阿拉伯语。

本章小结

作为一名学外语出身的人，我对外语专业的学习有些切身体会。个人理解：外语专业，学对了，可以拓宽学生的视野；学错了，便能限制住学生的眼界。如何在高校外语专业学习中找到一个最切合自身实际的平衡点，势必是每一位专业外语学习者要搞清楚、弄明白的问题。只有如此，我们才能在该虚心务实时沉下心来，去实践成百上千遍的朗读；在该认真严谨时笃定扎实，去遨游浩瀚的书海；在该抛头露面时意气风发，去各种国际化场合大放异彩。不同的时段，采取不同的态度对待从事的专业，这是否可以称作一种"专业"的生活方式呢？

我的专业是外语，我骄傲。而同样是外语专业的你，也可以做到。

第四章
致外语参赛者

因为本书不讲方法，所以本章一定是要讲故事的。

因为我就是靠外语比赛起的家。

2001年，我在中央电视台十套看到了中央电视台第二届"希望之星"英语风采大赛全国总决赛的盛况。那应该是我人生中第一次看到和自己年龄相仿的一群中国青少年在舞台上用英语做着流利的演讲，它在我的心中埋下了一颗充满生长欲的种子。

2002年，我凭一盘录音带闯进了中央电视台第三届"希望之星"英语风采大赛的全国总决赛，不过第一轮就被淘汰了。我记得自己对着镜头说的最后一句话是："I'll be back."。

2003年，"希望之星"河北赛区应势而生。只有获得省赛区的冠军，才能进入全国总决赛。我从海选开始一路赛到底，没给别人机会，获得了第四届"希望之星"英语风采大赛中学组河北赛区的总冠军，在全国总决赛中完成了自己"通关"的目标，获得了三等奖，全国第五名。

而在这之后，我上了大学。央视曾经有一个叫《希望英语》的栏目让我在那里做了四年的嘉宾主持、比赛评委、栏目配音、情景剧演员，同时我竟然成了那几年每届"希望之星"决赛的常客。

而在同一时段的四年大学生活，其实好似那个参赛经历的延续。校内校外，大小比赛，有赢有输，有笑有泪。

2007年，我在大四的时候经历了一次备战过程最充分而比赛结果最差劲的旅程。我在当年的"21世纪杯"全国英语演讲比赛的全国总决赛中得了三等奖，也就是说我虽然在北方赛区以一等奖季军的身份闯入了总决赛，但是连总决赛的第一轮都没闯过。那场比赛让我清醒地意识到自己在讲台上永远要找寻自己的不足，永远不能找客观的原因当借口。

不过更重要的是，比赛教会了我如何在竞争中结识各路高手，在与他们的交流切磋中取长补短。我也将比赛精神融入了自己阿拉伯语专业的学习，还算圆满而精彩地完成了本科学业。

在这之后，我经过两年国企加之海外市场的历练，选择了我心中种子发芽的土壤——中央电视台，担任了阿拉伯语频道的新闻主播。那颗种子终于回归了大地，并勤奋地生长着。

同时，我也得到了一些主持各大外语比赛和文艺晚会的机会。我并未忘记，是之前那一场场演讲比赛的舞台，给了我之后站在任何舞台一如既往的踏实笃定。

同时，我也被一些机构"错爱"，给现在更加具有多维度竞争力的各年龄段的孩子们做着有关外语与演说的培训。也正是参加比赛的备战过程，让我可以将自己的一些相关体会分享给更多的大小朋友。

同时，我还写了几首外语歌，在新开辟的艺术世界里用外语玩得乐此不疲。也是通过各类外语相关的比赛获得了一系列舞台历练机会，给了我用外语玩耍和游戏的足够本钱。

好了，又提了一票"当年之勇"。我说过，任何人的任何经历都不具备绝对的复制价值，但我着实想用自己的经历告诉大家，用外语比赛，有百利而无一害。

并且最重要的是，用外语去比赛是一个全情投入的过程，这是一个人对一门外语已有输入的最佳输出之一。在这个过程中完全没有"学习"之感，却收获良多。各位，开始备战吧。

与"希望之星"的缘分

在本书的第一章我就引用过史蒂夫·乔布斯在斯坦福大学的演讲，其中的那个主题在这里同样适用：生活是将不同时段看似毫不相关的一些"点"串联成线的过程。没错，我目前生活中大部分的"点"，几乎都同外语相关，而在这些点中最开始亮起来的一颗，叫作"希望之星"。

我人生的一大转折点，便是在高二参加了中央电视台举办的第三届"希望之星"英语风采大赛。

我是石家庄人，而在2002年，"希望之星"英语风采大赛在河北并没有分赛区。所以组委会要求没有分赛区地区的选手，必须通过向组委会寄送原创文章录音带或录像带的方式参赛，通过选手在录音录像中的表现，遴选出若干优胜者，获得全国总决赛参赛资格。而我就精心录制了四分钟自己写的一篇名为"My Favorite Hobby"的演讲，还专门制作了磁带封皮，并由我的母亲亲自从石家庄"专程派送"到北京组委会。本以为石沉大海，结果两周之后，我出乎意料地接到了央视的红头邀请函，邀请我参加第三届"希望之星"英语风采大赛全国总决赛。

心情是激动的，而比赛是残酷的。初出茅庐的我在央视舞台上的首秀竟是首轮出局，原因是我在演讲后答错了一道知识题，导致分数一下拉开，无可奈何。尽管如此，我仍然认为，自己的综合水平和实力与一个全国性外语口语大赛的客观要求相差甚远。

拿到"首轮出局大奖"，肯定不会太高兴。不过同时也庆幸自己没有留在场上进行下面几轮的比赛，因为在台下观赛时，竟发现很多题目我甚至都听不太懂，这是多么可怕的一件事。但我后来还在久久回味着自己站在舞台上高声演讲的那种畅快淋漓的感觉，所以当时暗下决心：张博，你必须，也必然能再次站在央视舞台上展示你的风采。

不过，正是通过那届比赛，我结识了很多我眼中的英语"大腕儿"赛手们。也正是通过那届比赛，我意识到了自己同这些"大腕儿"们的差距，也算是在心里暗下了决心，来年如果有机会，我还要来，我要来拿一个更好的成绩。

在此我要插播一条消息，第二年的比赛报名前，我正好通过了"小语种单独招生考试"，提前获得了北京第二外国语学院的录取通知书。

在离高考还有几个月的时候，老师给我介绍了北京第二外国语学院的小语种提前单独招生考试。我通过学校选拔，奔赴"二外"参加考试，半个月后，我得到了班主任的通知，也接到了"二外"打来的录取电话。那年浮躁的我，竟被老天又一次眷顾，用这样的方式在高考前三个月被北京第二外国语学院阿拉伯语系提前录取。我深深记得我收拾书包离开教室的形象，那脚步走得嗫嚅，那激动流露得真实青涩。

就在接到已被录取电话的第二天，我便报名参加了第四届"希望之星"英语风采大赛。

　　而就在这一年，"希望之星"在河北设立了分赛区。因那年我正值高三，复习备考的气氛令人窒息，而我在提前拿到录取通知书后每天定时为心中向往的比赛作着各种准备。

　　我不想在这里赘述比赛的过程，只记得我获得了河北中学组的总冠军，又一次拿到了进军央视总决赛的入场券。我终于重回"希望之星"。

　　带着上届比赛的遗憾和对本次比赛的希望再次来到了中央电视台，准备同各省的冠军再次切磋技艺，一展风采。这届比赛牛人更多，我很幸运地获得了中学组的全国第五名，对此我相当满意，因为我参与了总决赛所有环节的比拼，实现了自己"不能在中途被淘汰"的目标。英语这个多年来的好伙计，着实为自己赢得了荣誉和信心，为今后更加的随性把玩和深入研究进一步夯实了基础。

　　关于外语比赛，在此多说几句。个人认为，当年的老式"希望之星"英语风采大赛，好比中国青少年学习英语之路上的一个加油站，或者说是英语牛人成功之路的催化剂。它以电视为媒体进行比赛，在选手具备一定英语综合能力的基础上，考查英语的听说和思辨能力，以及对外国文化不同层面的了解和理解。这个比赛对全面提高英语学习者的水平和境界是一个很好的刺激和有力的推动，同时会使不少英语学习者走出某些认识和方法上的误区，对英语学习产生广泛的积极影响。

　　两届全国总决赛，个人收获了太多的东西，包括对语言的全新感受和理解，对自身不足和短板的发现，同时更得到了一同参赛选手们的珍贵友情，还体验到了老师和家长的亲情。由一个英语爱好者变为英语赛手，给我带来的不仅是外语水平的提升，更是一种眼界的开拓，甚至是一种生活状态的改变。这种你不参与其中不可能知道的神奇经历，让我找寻到了一个属于自己的全新境界——不仅是语言上的，更是一个人生的新境界。

十六载大赛，怎一个"情"字了得

就外语比赛而言，"希望之星"英语风采大赛在我的外语人生中扮演了相当重要的角色，直到今天，已有16年。

其实，在参加完那两年的比赛之后，我一直在《希望英语》栏目组"混吃混喝"。随后很多届的比赛，我都以不同的身份参与其中。后来，我毕业了，出国工作了，便跟大赛失联了两年。再后来，我入职了央视阿拉伯语频道，又被"希望之星"大赛北京组委会请去做了几年的分赛区评委。每次重回大赛，好不痛快。每年能被记得，好不荣幸。

十六年，这份"希望"之情，从未改变。

构思本章时，我就想在这里分享一篇数年前被节目组邀约撰写的文章。文章成文于我大学毕业时，那时我在《希望英语》和"希望之星"已经经历了六年。所以接下来，插播一段我于2007年夏天对"希望之星"的点滴记录。我如今将这尘封十年的文章重新翻开，不做任何删改，只因那满满的情和真实的爱。

六载大赛，怎一个"情"字了得

这些年来，我经常被问到为何喜欢英语。我总说，英语是我的情人，喜欢她，没有理由。

而"希望之星"的舞台，便是我跟这个情人擦出火花、建立感情的地方。我把这叫作"希望"之情。

2002年，那是一个夏天。我凭着一盘精心录制的磁带进入了第三届"希望之星"英语风采大赛的全国总决赛，也跟《希望英语》有了第一次的"亲密接触"。第一轮演讲排名第三，但由于一道知识题的失误，拿到了"首轮出局大奖"。当时还总跟别人笑称："OUTLOOK"就是让我先"OUT"，再"LOOK"，好不懊恼。现在算来，当时从上台到下台，前后也就经历了三分钟。而就是这三分钟，却改变了我对英语的感觉。那是一种蠢蠢欲动和跃跃欲试的感觉，当这种感觉产生后，一股强烈的征服欲瞬间涌遍全身："明年我还会再来，"我对自己说，"我想我爱上你了。"

经历了"希望一轮游"后，回到家中的我为了来年的比赛可谓煞费苦心。不仅买了各种演讲的书籍认真阅读学习，更是按照往届比赛的题型与内容和来年比赛中可能出现的题型进行操练。慢慢地，我感觉自己非常享受每一个同英语在一起的日子，那些日子充满了期待和挑战，也荡漾着幸福和快感。在每一篇讲稿面前，我急切地想知道其中每一句话的意思和表达的感情；而每次阅读又无一不是障碍重重，我一次一次学会用平静的态度征服每一个困难；每当成百上千次地重复一句话时，这个世界上只剩下了我和这句话，我想象着赛场上观众和评委听到这句话后投来的羡慕与赞许的目光；在自我陶醉中与英语一次次地约会，每一次心灵都像受到洗礼一般畅快淋漓。

2003年，转眼又是一年。第四届"希望之星"英语风采大赛如约而至。当时的北京正值四月，阳光明媚，春意正浓。我以河北省中学组冠军的身份，带着上届比赛的遗憾和对本次比赛的期望再次来到了中央电视台，准备同各省的冠军切磋技艺，一展风采。这一次，学会自信的我一鼓作气闯过所有关卡，幸运地获得了中学组的三等奖。当奖项宣布时，我笑了，因为我对自己的成绩非常满意。从所有人的眼神中，我读到了一种肯定，这种肯定是以前我从未经历过的一种感觉。我意识到，我在享受英语和她带给我的欢乐与激情。在内心无比兴奋的同时，我也不断提醒自己学会低调与谦虚，也决心努力不断完善自己，以配得上"希望之星"的称号。

可能是由于张扬的个性和还算"凑合"的英语口语，我在进入大学后一直断断续续在《希望英语》日播栏目中出镜，嘉宾、评委、演员、主持，各种角色都有所尝试。随着时间的推移，斗胆说在全国青少年英语爱好者中有了一定的名气，开句玩笑说，也基本成了某些5—15岁少年少女的"心中偶像"，因此获得了很多令人羡慕的鲜花和光环。

有人说我很会捡便宜，不仅通过了小语种提前单独招生考试，免去参加高考被"二外"录取，而且又经常在电视上露脸儿，真叫风光。对此我总是微微一笑，不敢苟同。

坦率地讲，做电视的确是一个苦差。别说那些专业的主持人，就做节目如蜻蜓点水似的我，也能不时体味到其中的艰辛。每当录像完毕，在黑夜中从台东门走出来，一种莫名的孤独感油然而生，在一瞬间占领大脑，迅速传导给每一条神经，整个身体像是悬浮于空中，感觉这个世界只有我一个人走在街上，就连衣服的摩擦声都变得异常清晰。上了公交车，坐到座位上，掏出手机，翻看并回复最近十小时之内收到的短信，然后将书包带在胳膊上缠几圈，便小寐一番。回回都是售票员那并不清楚的报站把我叫醒："下站茶家坟儿，'二外'啊，下车乘客请您提前做好准备。"好几次拎着行头从728末班车下来，一天的疲劳加晕车，将胃里本来就没有多少的东西一股脑儿倒出，滋味实在不是太好受。从车站到宿舍还是有段距离的，一进屋迎接我的一般只有室友轻微的鼾声了。于是扔下包，到水房将脸上没擦干净的妆彻底洗掉，对着镜子看着自己惺忪的睡眼，不禁"黯然神伤"。但想想能有那么多人看到自己的"光辉形象"，也能"为儿童英语教育出一份力"，值了。

我跟随着《希望英语》栏目组，从"送教育到西部"到"情景剧大变身"，从"大狗兔子大鸟"到"歌会龙队队长"，从"教师节当老师"到"宝宝秀主持人"，一个个终生难忘的故事，一段段刻骨铭心的回忆，我知道，是自己对"OUTLOOK"的一份感激之情驱使着我。不管多忙，也能做到有约必应，随叫随到。

在"希望"的舞台上，陆陆续续出现了快四年。在这期间，我有幸见证了四届大赛：第五届决赛观众和颁奖晚会开奖嘉宾；第六届半决赛主持人和决赛小学组那只带领选手出场的"公鸡"；2006

年度依旧主持全国半决赛，同时决赛在小学组表演四个"千差万别"（包括性别）的角色给选手出题。本届比赛更是重任在肩，前期进行评委及往届优秀选手联络，全程负责这些评审团的"老星"们的生活起居，并作为初中组评审团见证了又一代"新星"的诞生。离开赛场的我看到一届届的新人走上舞台，心中又泛起一丝丝留恋之情，好想再报名参赛，好想能再拼一下，好想体味冠军的滋味。不过按导演的话说，我要报名肯定直接被组委会初选封杀，报名费倒是能为大赛作点贡献。

综观六届大赛，怎一个"情"字了得。第三届同"希望之星"一见钟情，第四届舞台上表现自信激情，第五届重温赛场热情，第六届目睹选手各异的表情，第七届体会老师家长的殷殷亲情，而这一届，不知从哪儿冒出一种失落之情，也许是太喜欢这个舞台，多愁善感了吧。看着每一位工作人员忙碌的身影，感谢的话说出来太俗，就搁在心里吧。

假如有一天，"希望之星"大赛不再让我来了，不怕人笑话，我一定先大哭一场，然后去易容改名，再报名参加。

不过我希望这句话是"对未来的虚拟语气"。

衷心祝愿大赛越办越好！我还是随叫随到，没有理由。

张 博

第三届"希望之星"英语风采大赛中学组优胜奖、机智灵活奖

第四届"希望之星"英语风采大赛中学组三等奖

2007年6月17日

　　重新读到这篇旧文，又一次回想起那时远离赛场的失落。那种失落之情似乎因我大学毕业而双重叠加，而进入工作岗位之后的外派出国又像是与"希望之星"冥冥之中的注定暂别。是的，毕业之后的两年，我艰苦地在北非"筑路"，也在迥然不同的工作环境与人生体验中，希望并踏实书写着自己的"心路"。

　　而命运就是这么的有趣，"救国"往往还需"曲线"。2009年，我终因中央电视台阿拉伯语频道的成立，选择"杀回"了北京，也将两年的梦回"希望之星"变为现实。

　　"希望之星"的舞台很神奇。昔日的老友、老师，竟突然变成了同事。但我并未仅仅因此而感觉更近，反而更加珍惜每一次与"希望之星"的亲密接触。从北京赛区的评委到全国预选赛的评委，从"希望之星"冬令营的培训到大赛官方指导教材的编写，无一不让我的感动与感恩继续，也无一不鞭策我切勿将自己的脚步停滞。

　　"希望之星"不是一颗星，而是数以百万计的、互相依存而照亮彼此的星。这种"星星"相惜，年复一年，让我与之相处的时光如白驹过隙般从六载变成了十六载。我不敢说这十六载中的大部分精彩，都因"希望之星"而起，但"希望之星"在我心中播下的那颗种子可谓在我的生活与工作中遍地开花。从狭义的角度来讲，这颗种子发芽的过程，使我的生活无时无刻地紧紧和"外语"这个关键词联系在一起。更狭义地说，我在各种场合对英语不间断的使用夯实了掌握它的基础，在时常的上台机会中练就了愈加精美的英语表达。

　　我总说，参加外语比赛，是一个"有百利而无一害"的事情。

比赛可以让选手获得的，不仅仅是外语功夫方面的"硬实力"，更有与人交流见多识广的"软实力"。更重要的是，比赛会让五湖四海的各路高手获得一个神奇的气场，这种气场是绝对不可能从书本上文字间感受到的，这种气场，也许可以被叫作"巧实力"吧。"硬实力""软实力""巧实力"这三者我理解起来有点像"智商""情商"和"语商"。最后这个词本来是我刚刚想出来的，结果一查，还真有：语商，即语言运用能力的总和。我觉得这是对语言能力最高级别的一种能力分类，它不仅涵盖了表达、沟通，更体现出一个讲者是否能够通过语言和人格魅力说服他人、感染他人、积极影响他人。正是由于比赛的经历，我意识到以上种种，也明确了一个认识：英语根本就不仅仅是从书中"学"来的，而是从不同环境场合、不同语境、不同讲台上，一次次磨炼而自然形成的。

这本书的主线是通过讲我自己与外语在不同角色里的故事，让大家淡化外语的"学术性"，从而敢于接近外语，逐渐爱上外语。然而讲到"致外语参赛者"，我还是需要多说一些自己从"外语赛手"这个身份当中得到的一些切身体会。我把这些体会用看似套路式的方法总结一二，一来给外语赛手们加个油；二来也算证明下自己没白从赛手熬成评委吧。

一段优秀外语演讲的必备素质

一段优秀和成功的演讲，无论是什么类型、什么场合、什么语言，都具备一些共同的特点。而作为外语演讲，更有不同维度的严格要求。当我们需要用外语去演讲之前，不妨从以下几个方面进行考量。

一、内容思想

我在高中时代曾经陷入一个过分追求语音语调的怪圈，并且以语音语调的好坏来衡量一个人的外语水平。这种略有歪曲的标准和把"发音好"当作"口语好"有类似之处，两种思想都过分强调了语言表达的表面化内容。

诚然，这种标准是站不住脚的。

演讲的定义为：在公众场所，以有声语言为主要手段，以体态语言为辅助手段，针对某个具体问题，鲜明、完整地发表自己的见解和主张，阐明事理或抒发情感，进行宣传鼓动的一种语言交际活动。

这样看来，有声语言只是演讲者的手段与工具。打个比方，如果一个手艺人的技术精湛，作出的东西巧夺天工、价值连城，而他的工具箱长得并不好看，工具也很破旧。这种情况下，我们会否认他是一个优秀的手艺人吗？我想不会。

那么，演讲者所传递的内容信息和思想态度，在演讲中是最重要的。我也经常把这点叫作"内容为王"。

所以，当我们演讲之前，要考虑的内容方面的问题有：

讲的这个话题，听众爱听吗？会引起共鸣吗？

话题既定，讲述的角度，是否老生常谈或重复他人，能否抓住听众的耳朵？

怎样在逻辑上进行分点分层设计，从而达到最好的传播效果？

举的例子足够生动吗？能否作为观点的有力论证？

等等，等等。

内容为王，思想为王。一旦忽略演讲的本质，内容主线没想好，思想体系没搭对，演讲很容易就会变得空洞乏味。而演讲一旦空洞，你就是长得再美，你说的话我也听不进去。

二、语言质量

除了内容本身引人入胜之外，承载内容的一字一句，其重要性也显而易见。这就要求演讲稿的语言质量必须高，不然，从某种意义上讲，就根本不能被叫作演讲稿。而在即兴演讲中，妙语连珠、口若悬河更是能给听众留下深刻的印象，而这对演讲者口才和语言功底的要求更是不言而喻。

用外语演讲，几乎可以说是对一个人外语表达功底的最高要求。因为外语演讲对外语的要求已经不是简单的"语法正确、词汇用对"，对外语表达的要求也远远高于"说清楚、讲明白"。演讲的语言，要美丽，要动人，要有煽动性，要有感召力。

所以，在我们演讲之前，要考虑的语言方面的因素有：

首先，听众的接受能力。

请注意，外语演讲，不是词汇用得越难越好，越难得分越高。使用词汇的难易与得分高低并不一定成正比。说出自己内心真实的想法，表达出的思想直击听众的心，效果才好。有个典型的例子是美国前总统奥巴马在美国弗吉尼亚州阿灵顿郡韦克菲尔德高中，面对美国各地从小学预备班到中学12年级的学生所做的演讲。全篇几乎都没怎么使用超越"四级词汇"难度的单词，但是表意明确，讲理到位，由浅入深，以小见大，对小孩子的成长颇有积极的鼓励作用。

选取几段，感受一下：

• That's why today I'm calling on each of you to set your own goals for your education — and do everything you can to meet them. Your goal can be something as simple as doing all your homework, paying attention in class, or spending some time each day reading a book. Maybe you'll decide to get involved in an extracurricular activity, or volunteer in your community. Maybe you'll decide to stand up for kids who are being teased or bullied because of who they are or how they look, because you believe, like I do, that all young people deserve a safe environment to study and learn. Maybe you'll decide to take better care of yourself so you can be more ready to learn. And along those lines, by the way, I hope all of you are washing your hands a lot, and that you stay home from school when you don't feel well, so we can keep people from getting the flu this fall and winter.

因此，在今天，我号召你们每一个人都为自己的教育定下一个目标——并在之后，尽自己的一切努力去实现它。你的目标可以很简单，像是完成作业、认真听讲或每天阅读。或许你打算参加一些课外活动，或在社区做些志愿工作；或许你决定为那些因为长相或出身等原因而受嘲弄或欺负的孩子做主、维护他们的权益，因为你和我一样，认为每个孩子都应该能有一个安全的学习环境；或许你认为该学着更好地照顾自己，来为将来的学习做准备……当然，除此之外，我希望你们都多多洗手、感到身体不舒服的时候要多在家休息，免得大家在秋冬感冒高发季节都得流感。

- But whatever you resolve to do, I want you to commit to it. I want you to really work at it.

  不管你决定做什么，我都希望你能坚持到底，希望你能真的下定决心。

- I know that sometimes you get that sense from TV that you can be rich and successful without any hard work — that your ticket to success is through rapping or basketball or being a reality TV star. Chances are you're not going to be any of those things.

  我知道有些时候，电视上播放的节目会让你产生这样那样的错觉，似乎你不需要付出多大的努力就能腰缠万贯、功成名就——你会认为只要会唱RAP、会打篮球或参加个什么真人秀节目就能坐享其成，但现实是，你几乎没有可能走上其中任何一条道路。

- The truth is, being successful is hard. You won't love every subject that you study. You won't click with every teacher that you have. Not every homework assignment will seem completely relevant to your life right at this minute. And you won't necessarily succeed at everything the first time you try.

因为，成功是件难事。你不可能对要读的每门课程都兴趣盎然，你不可能和每名代课教师都相处顺利，你也不可能每次都遇上看起来和现实生活有关的作业。而且，并不是每件事，你都能在头一次尝试时获得成功。

- That's okay. Some of the most successful people in the world are the ones who've had the most failures. J.K. Rowling's — who wrote Harry Potter — her first Harry Potter book was rejected 12 times before it was finally published. Michael Jordan was cut from his high school basketball team. He lost hundreds of games and missed thousands of shots during his career. But he once said, "I have failed over and over and over again in my life. And that's why I succeed."

但那没有关系。因为在这个世界上，最最成功的人往往也经历过最多的失败。J.K.罗琳的第一本《哈利·波特》被出版商拒绝了12次才最终出版；迈克尔·乔丹上高中时被学校的篮球队刷了下来，在他的职业生涯里，他输了几百场比赛、有过几千次失误的投篮，知道他是怎么说的吗？"我一生不停地失败、失败再失败，这就是我现在成功的原因。"

- These people succeeded because they understood that you can't let your failures define you — you have to let your failures teach you. You have to let them show you what to do differently the next time. So if you get into trouble, that doesn't mean you're a troublemaker, it means you need to try harder to act right. If you get a bad grade, that doesn't mean you're stupid, it just means you need to spend more time studying.

他们的成功，源于他们明白人不能让失败左右自己——而是要从中吸取经验。从失败中，你可以明白下一次自己可以作出怎样的改变。假如你惹了什么麻烦，那并不说明你就是个捣蛋鬼，而是在提醒你，在将来要对自己有更严格的要求；假如你考了个低分，那并不说明你就比别人笨，而是在告诉你，自己得在学习上花更多的时间。

- No one's born being good at all things. You become good at things through hard work. You're not a varsity athlete the first time you play a new sport. You don't hit every note the first time you sing a song. You've got to practice. The same principle applies to your schoolwork. You might have to do a math problem a few times before you get it right. You might have to read something a few times before you understand it. You definitely have to do a few drafts of a paper before it's good enough to hand in.

没有哪一个人一生出来就擅长做什么事情，只有努力才能培养出技能。任何人都不是在第一次接触一项体育运动时就成为校队的代表，任何人都不是在第一次唱一首歌时就找准每一个音，一切都需要熟能生巧。对于学业也是一样，你或许要反复运算才能解出一道数学题的正确答案，你或许需要读一段文字好几遍才能理解它的意思，你或许得把论文改上好几次才能符合提交的标准，这都是很正常的。

- Don't be afraid to ask questions. Don't be afraid to ask for help when you need it. I do that every day. Asking for help isn't a sign of weakness, it's a sign of strength because it shows you have the courage to admit when you don't know something, and that then allows you to learn something new. So find an adult that you trust— a parent, a grandparent or teacher, a coach or a counselor — and ask them to help you stay on track to meet your goals.

不要害怕提问，不要不敢向他人求助——我每天都在这么做。求助并不是软弱的表现，恰恰相反，它说明你有勇气承认自己的不足并愿意去学习新的知识。所以，有不懂时，就向大人们求助吧——找个你信得过的对象，例如父母、长辈、老师、教练或辅导员——让他们帮助你向目标前进。

- And even when you're struggling, even when you're discouraged, and you feel like other people have given up on you, don't ever give up on yourself, because when you give up on yourself, you give up on your country.

你要记住，哪怕你表现不好，哪怕你失去信心，哪怕你觉得身边的人都已经放弃了你——永远不要自己放弃自己。因为当你放弃自己的时候，你也放弃了自己的国家。

- The story of America isn't about people who quit when things got tough. It's about people who kept going, who tried harder, who loved their country too much to do anything less than their best.

美国不是一个人遭遇困难就轻易放弃的国度，在这个国家，

人们坚持到底，人们加倍努力，为了他们所热爱的国度，每
一个人都尽着自己最大的努力，不会给自己留任何余地。

记得衡量外语水平很高的一种标准叫"用简单词汇表达深层意
思"，个人觉得奥巴马总统的这篇讲稿是个再好不过的典范。

其次，演讲致辞的场合。

我们都知道，说话是要看对象的。同样地，演讲也是要看场合
的。不同的场合选择不同的演讲方式、使用不同的语体，这也是一
个演讲者情商的体现。

在这里，我还是不准备系统地大谈理论，只是在这里提醒两点：

一、玩幽默，看场合

幽默，是一种高智商的互动。前提条件是你确定你讲话的场合
适合开玩笑，以及适合开什么样的玩笑和该玩笑能开到什么程度，
还有，拿谁开。

高端的幽默，都是有社会和文化背景的。这一点奥巴马先生又
给我们做了非常好的典范，而至于例子，请自行查看每年白宫记者
会，那一个个玩笑开的，简直拿捏得恰到好处；那一个个段子说
的，简直让人拍案叫绝。

相反，如果你在正式的演讲比赛场上拿互相并不熟悉的选手，
或是评委主持开玩笑，这会是一个风险很大的举动。关系好的人，
才会用玩笑来调侃对方，甚至是在你充分熟悉对方可以接受的范围
内故意揭短，以达到逗乐的目的和效果。还不是很熟悉的人，最好

别过多地使用幽默，因为可能不是所有人都能接受你所谓的幽默，也不一定能接得住你开的玩笑。有时候，玩笑并不好笑，慎用。

二、想耍宝，看场合

诚然，演讲客观上也是一个展示演讲者个人魅力的过程。但是如果是为了展示魅力而刻意耍宝，那一定要分清场合。

不知道大家发现没有，凡是讲台或舞台上的大腕儿，在台上表演的时候，总是有·种令人敬畏的自律在约束着他。就算是匪帮说唱或是死亡摇滚这种最极端的音乐表现形式，业内最顶级的国际大牌艺人，也不会肆无忌惮到真正意义上的歇斯底里。

说得大白话一点就是，精湛的舞台表演总是收放自如的。成功的表演者总能用一种恰如其分的表演控制观众听众的心弦。表现力强和装腔作势绝不一样，从容自信和目中无人迥然不同。

再次，个人的语言特点。

简言之，就是你必须要让听众觉得，你的演讲稿是你说出来的话。也就是说，你的语言，应该和你整个人的外在形象、内在气质相配。

然后，在弄清楚以上情况后，要在另一个维度，从以下几点对讲稿进行设计和考量。

用词用句：

有些人就适合说 "English rap has been the most exhilarating and enjoyable thing that I found ever since I encountered this language. "；而有些人就适合说 "Well rap in English sounded so dope when I first heard

DJ spin that shit…you know…wow…"。两种表达的是同一个意思，用词完全不一样，可能是两种人说出来的话。在演讲之前，先想好自己要"扮演"哪种人，选择哪种特点的语言。

句长：

句子一定不是越长越显得你有学问。时常用些小短句，铿锵有力，掷地有声。另外，对于个人的语言特点层面，要符合自己的年龄段。当比赛中一个八岁的孩子背出家长、老师给写好的长句难句，又明显地暴露了自己其实不知所云的时候，那就不是"小大人儿"式的可爱，效果适得其反。当然，如果一个西装革履的大学生还在即兴问答的环节频繁使用超不过十个词以上的句子来表达自己，听起来也会略显怪异。

语体文风：

其实语体文风这件事，就是以上可以量化的部分的一种统称。在确定个人的语体文风的同时，势必会考虑到用词用句和句子长度的问题。所以，其实演讲考查的是什么？是你能不能以一个正确的身份，在正确的场合对正确的对象说出正确的话。

总之，你要记住，高手无招。再多的方法也是讲给懂的人听的，讲给会的人用的。如果你在生活里就是一个善于用汉语言谈并且笔耕不辍的人，那之前的这些条条框框，翻过去就好啦。

三、表面文章

表面文章，是指在使用外语演讲过程中，为内容服务的部分。

演讲演讲，七分在讲，三分在演。这句话虽然忘记在哪里听到的了，但它充分表达了"表面文章"的重要性。

这里所说的"表面文章"，我先从语言方面谈谈。在语言方面，发音、语调、语速、语气等为语言增色上釉的环节，就都属于"表面文章"。请问，标准的发音，地道的语调，适宜的语速，恰当的语气，哪个不重要？

演讲，是一个对语言要求相当高的有声活动。外语演讲，一口标准地道的发音，不仅是你传递信息的有力保证，并且会给你整体的演说大大增色。关于发音的重要性与必要性，书中之前啰唆了不少，我只能说，外语演讲对于外语发音的要求是很高的。

外语的语调其实比发音更难模仿，因为如果你可以把语调做到和母语人士一样，那证明你的语感是长期受到正确熏陶的结果，非常到位。而这样的语调会给听众非常自然和舒服的感觉，尤其是母语人士，他们会觉得你是他们中的一员，这样的效果会大大拉近你和听众的距离，传播起来也绝对更有效率。

语速，是一个很有趣的话题。一般来说，公众演讲慢条斯理，给出的信息非常容易捕捉到，听着会相对舒服。但不是语速快就不好，有些人讲话语速很快，但听起来还是逻辑缜密，反而更能体现讲话者的精湛口才。所以，语速没有一个完全确定的标准，关键问题在于语速要和思维的速度配合默契，想好再说，边想边说，说想结合，让说出的话，成为思想的艺术性表达。

语气，这里特别提一点，就是不要用汉语演讲和朗诵的语气，去做外语演讲。多看看母语人士是怎么使用语气的，学习他们的感情添加方式。外语演讲，绝对不是由汉语演讲转换为另一种语言那么简单。

在表演方面，肢体语言、眼神做派、幽默比喻，每一项都值得精心设计，而每一项对于演讲高手来说又是不需要设计的。所谓"高手无招"，就是这个道理。当你遇到的场合和讲话的次数足够多，而你又是个有心人，会回看和研究自我提升的方法，那么提前祝贺你，你铁定会是个出色的演讲者了。

因为本书并不是一个侧重介绍方法的书籍，所以各个部分，点到为止。关于方法的书，层出不穷，但关于方向的书，寥寥无几。而你选择了《外语不用"学"》，不得不说，你太有品位了。

四、讲者气场

气场，是指一个人的气质对其周围人产生的影响。气场强大的人，能很容易地吸引周围的人，并给他人带来能量和动力，成为众人的焦点。

在"内容思想""语言质量""表面文章"都做好做足之后，一个演讲者能否俘获听众，最关键的就是有没有足够强大的气场。这可能是区分"优秀演讲者"和"超级演说家"的关键之处。

请注意，"内容思想""语言质量""表面文章"，都是可以通过有意识的训练而具备的。唯独气场，几乎不可能直接通过训练的方式去获得。因为一个人的气场，是由多方面因素有机形成的：教育情况、家庭背景、工作经历、生活资历等。总而言之，生活所见所感的点滴积累和人生阅历以及品格品位，无一不是气场形成的重要因素。气场，是内在气质的一种外在体现，是我们通过"读万卷书，行万里路"来获得的人格副产品，是一种长期修来的人格魅力。而这种魅力，对于一个演讲者来说，就像寒冬旭日，暖人身心；抑如斩金利剑，穿人心灵；或似陈年佳酿，醉人心脾；也犹红唇一笑，令人心怡。

关于参加外语演讲比赛的几点提示

近些年，刷着这张"老脸"，主持了一些国内的英语演讲比赛。也被错爱，时不常去混个评委一席。

自己从赛场走来，又变换身份走入赛场。目睹了很多"能力者"，但说实话，也看到了许多"普通人"。

结合个人这些年在英语演讲比赛中的各种身份，斗胆给各位几点小提示。不管是命题演讲，还是即兴演讲，以下几点都可以作为一些具有普遍意义的粗浅体会。

因为起初都是在比赛现场随手记下的，所以我直接用英语写的，成书时，翻译并重新整合了出来，供参考。

1. A GOOD BEGINNING 好的开头是成功的一半

- Come straight to the point, and try to make a splendid beginning. 演讲比赛，一般讲究开门见山。如果开得还漂亮，那再好不过了。

- Let's say, for example, children's group of a certain competition, when it comes to make a one-minute speech with a given title, you don't necessarily need to address your name and the name of your school or even which gender you are at the very beginning; but in actual fact, that has been some kids' speaking habit for quite a long time and it's a waste of your precious time and a waste of opportunity for you to make a sound start by directly addressing what your point is.

拿小学组比赛举个例子，如果要求用一分钟做一个演讲，不管是即兴与非即兴。相当一部分的选手在开始演讲之前会把自己的名字、学校，甚至性别都自报家门一下，全说完，十几秒过去了。这种做法其实在我看来并不可取。评委听的是你的演讲内容，你的班级、学校在你的演讲当中属于无用信息，并且占用你宝贵的演讲时间。更聪明的做法一定是直奔主题，开个好头。

- Same thing happens in bigger age group competition as well. Some contestants are used to saying a few words like "Some believe that…and some else think that…while I believe…", if you are making a 3 minute speech and you think it is quite necessary to make that comparison at the very beginning, you can do it. Yet in case you are about to make an impromptu speech which is demanded to be finished within one minute, it is definitely not wise to do so. Instead, come straight to your point and try your best to impress people with it.

其他组别比赛也有类似在开头拖泥带水的情况。比如有些选手在表达自己观点之前爱说"有些人认为……另一些人认为……而我认为……",如果你拥有三分钟来演讲,并且这种对比是有助于你演讲内容的,你可以这么说。而若是一分钟的演讲,我真的不建议你这么做。用一个漂亮的开场佳句镇场,比什么都强。

- But only a splendid beginning is far from enough.

  但是只有好的开头,是远远不够的。

- On the basis of "Well begun, half done", add two to three supporting ideas afterwards. Make them simple enough to understand and deep enough to move the audience.

  在"成功了一半"后,提出两至三个支撑观点。从简至深,易懂感人。

2. ORGANIZING IDEAS 组织思路

- As I have said, try to add 2 or 3 supporting ideas to form your speech; the less, the easier.

  接着刚才提到的说,提出的两至三个观点要做到"简约而不简单"。当然,支撑观点越少,越容易说。

- The first point is always your very first thought towards this topic. It is easy for you to say something that comes to your mind in the first place, after all you don't boast too much time to really organize your thought, you must use your quick wit to decide what to say. The easier, the better.

第一点，一般可以把你对所给题目的所作出的第一个判断作为观点，因为最先想到的观点总是最容易说的，这样可以迅速让自己进入阐述的状态。而且多数情况下，你也许没有太多时间思考，所以迅速决定第一个观点是非常重要的，简单为上计。

- The second point must go deeper, if you really want a high mark. And it should be organized before you actually start the first point, or, if time is really limited, you need to work it out when the first point is being delivered; namely, thinking while speaking, of course, that calls for skills.

第二点一定要分出层次，不能是简单的罗列，当然除非你不想得高分。按道理讲，所有的支撑点都是要在开始演讲前想好的，但是有时候即兴问答真的没有时间去想，高级的做法是，边说一点边想一两点，边想第三点边说第二点。当然，这是需要经历多次实践出真知才能获得的技巧。

3. ENDING 结尾

- It is always wise to make a punchline, if possible, while that's some kind of speaking skill, of course. However, speaking skill can not be separately trained in a short period of time; it is a comprehensive manifestation of your attitude towards life in a linguistic way; it comes from the book you read, the show you watch, the way you think, even the style you live with, as well as the level of your IQ and EQ. You know what I'm saying. Sometimes you know how to live, you know how to say. I seem to go a bit far away from what I'm saying, so I come to the END…

演讲如果能用一句妙语结尾，那再好不过了。但是这属于演讲技巧。要知道，演讲技巧是不可以单独学来的。演讲技巧，来源于你读的书，你看过的节目，你的思考和生活方式，甚至来源于你的智商和情商。在某种程度上说，它是你生活态度的语言体现。所以话说到这里，技巧的东西都解决了。真正的高手不是无招，而是生活的阅历使然。有点跑题了，赶紧"结尾"。

- At least, make an ending; even when you are running out of time, leave 2 seconds for an ending by repeating your point. That's very important for it would change your unfinished speech into a finished one, and at the same time, you can give the judges an impression that you know the rules of how to make a speech.

至少，要做个结尾。即便你演讲到时间了，花两秒重复一下你的观点。这非常重要。这意味着你懂得将话题结束，告诉评委，你知道结束语的重要性。

- When you finish your speech, say "Thank you" instead of "That's all."

结束的时候，一般不要说"我讲完了"。

除非跟内容有关系，比如你说了特别精彩的一段"贯口"，然后用一个憨憨的"讲完了"结尾很是带劲。还没有到那个程度的我们，一般来讲，直接说"谢谢"比较好。

4. AMOUNT OF WORDS 多说还是少说？

- There can be different strategies of the amount of words that you use.

  说多说少？这得看情况。

- If you run into some topics you're interested in or familiar with, you may be eager to share and express what you've stored and accumulated in your mind. In this case, use one second to hold your horses; remind yourself: be precise. If you have the ability to speak more than demanded, please speak less hollow words, make every word coming from your mouth count.

  如果你遇到了自己熟悉或是感兴趣的话题，你可能会突然有很多话想说，甚至急于表露。此时你不妨让心情平稳下来，提醒自己：要简练，切记没有逻辑地说个没完。也就是说，如果你有能力表达的时候，要注意少说空话，让自己的发言字字千金。

- When you encounter a topic which is not your cup of tea or have few knowledge on, please grab the central meaning of the topic, and elaborate more and go deep. Every second on the spot is gold; every word on the stage should be meaningful. Don't waste your time speaking useless things nor let plenty of time be wasted by ending abnormally early; instead, fill it with some nice remarks in the field that you are familiar with and are able to come up with swiftly if you really care about the opportunity to speak.

而若是遇到了不熟悉和不感兴趣的话题，请抓住原命题的中心，直捣黄龙，并且尽量地抓住一点进行深挖。同样要让自己吐出的每一个字都充满力量。如果你真的在乎你所参加的比赛，或是足够尊重你所站上的讲台，就别说没用的话，或是在截止时间前好久就草草结束。当然，说来容易，做起来真的需要大量的积累和练习。

5. LANGUAGE DECORATION 语言的装饰

• It is nice to decorate your language with authentic pronunciation, but there is something more important than that. Speaking beautifully is important, but only beautiful speaking just resembles a vase with no flowers in it. In other words, it is important to make your English SOUND good, but it would be much more preferable to make it TASTE good.

在比赛当中，能操着一口漂亮的发音，当然是极好的。但还有比发音更重要的东西。说话悦耳动听固然是件好事，可是如果语言美丽但内容空洞，就好像一个没有鲜花的花瓶。换句话说，语言"好听"固然重要，但是"好吃"更重要。

• Language carries thoughts. What matters most is what you can convey to your listeners WITH your language, instead of language itself.

语言承载的是思想。重要的是你借助语言给听众带来什么，而不仅仅是语言本身。

6. SPEAKING MANNERS 演讲台风

- In a speaking contest, speaking does matter; but speaking manners matter as well.

  在演讲比赛中，"讲"很重要，"演"亦很重要。

- You have to deal with your self-discipline on the stage. Start to speak after you stand still and make your mind sober. Act appropriately and speak gently as an educated person would. Don't wave your hands too much unless your speech content needs that.

  首先，你应该具备在舞台上应有的自律。上台先站定再开讲，头脑保持清醒。动作举止得体大方，语言话风体现教养。手势不建议太多，除非演讲内容真的需要。

- Don't shout. First, passion doesn't equal to being crazy. Second, your speech will not be scored by volume. And third, you have a microphone.

  其次，有理不在声高。一、激情不等同于疯狂；二、音量和分数不成正比；三、你有个话筒。

- No worries about being nervous. It is such a normal thing and cannot be simply avoided. And you don't have to know how to conquer your nervousness and fear, learn to own it by concentrating on what you say. Get used to the tension on the stage, and it can even help to keep your mind clear when you see it positively.

再次，不用过分担心紧张的情绪。紧张是正常现象，不紧张才不正常呢。所以演讲者不用非得学着怎么去克服紧张和恐惧。换个角度，用关注自己讲话内容的方式去适应这种紧张感。台上的紧张是用来适应的，而不是用来克服的。而且，从不断上台的经验积累，学会用这种适度的紧张感让自己说话的思路更加清晰。

- Confidence is highly needed, but over-confidence can be annoying and even kills the speaker. Confidence and humbleness are not contradictory. If you talk glibly and humbly at the same time, you will be very popular among people.

还有，自信非常重要，但自负不好。过分的自信甚至可以置人于死地。自信和谦逊绝不矛盾，如果你能够做到口若悬河而又温文尔雅，你绝对是台上台下的万人迷。

- Last but certainly not least, please always bear in mind:
- THINK GLOBALLY, SPEAK PERSONALLY.

最后请记住：着眼于世界，着力于自己。

- Being part of the game is more important than winning it.
- Enjoying the game is more important than being part of it.
- And learning something from the game can always be the best part after enjoying it.

结果重要，参与更重要；参与重要，享受更重要；享受重要，收获更重要。

关于语言比赛中的"风采"

如今，很多外语比赛的名称都带上了"风采"两个字。的确，"风采"大赛的元老"希望之星"貌似也在数年前就对选手们的"风采"增加了考查比重。

从表面上看，那些能歌善舞、搞怪搞笑的选手更容易脱颖而出了。这一点不可否认。但细观其演讲，一定是思维缜密，逻辑清晰，一切加进去的点子、噱头、表演，都是为内容服务，都是某些创新比赛形式下演讲中有机的组成部分。而英语，是所有表现形式的载体，是一个基本的表现工具，光有表面流利的英语远远不够。特别是，在与评委"对峙"时，如果没有一个合理的思维和表达方式，光英语说得溜，一样不会获得太高的分数。如果长远来看，甚至会输掉一些人生的比赛。所以，首先必须有一个正确的为人处世的态度，再加上流利的英语和个性的才艺或特点，才是在任何含有"才艺展示"部分比赛中的立足法宝。

外语部分，从技术层面考查语言功力；才艺部分，其实考查的是你热爱生活的程度和对待生活的态度。

对于"英语"和"才艺"的结合，最好不要"冷拼"，要"热炒"。

何为"冷拼"呢？

比如上来你用英语介绍了一段中国民族舞蹈的背景，然后自己给自己报幕"接下来我将表演一段舞蹈"，随后跳完了，说了句"Thank you"。这就是"冷拼"。因为语言和才艺，属于两张皮，并无有机结合。

那何为"热炒"呢？

还拿这段舞蹈举例子，假如你能一边跳舞，一边用英语介绍这段舞蹈的历史背景，甚至能用英语朗诵一段关于这段历史的诗歌，然后将诗歌和介绍配着舞蹈的背景音乐像一个配乐诗朗诵一样诠释出来，同样的舞蹈节目，我想两种呈现方式带给人的感官享受一定是迥然不同的，想必得到的分数也是有所差别的吧。

另外，一定要选择自己真正喜欢和擅长的才艺，不擅长的，还不如不去演。比如，你想演唱一首英语歌，在决定唱之前，试问下自己，这首歌我可以唱好吗？可以唱到多好？到没到可以上台演出的水准？其实很多时候，可以试着问问自己，我真的会唱歌吗？在台上表演，一方面是表现自己；另一方面是尊重观众和评委。如果拿不出像样的才艺，我个人认为，这个才艺也许不太适合你，你值得去开发其他的才艺。

最佳语言材料：演讲稿

从某种意义上讲，最好的语言学习材料，是各个时代的世界名人演讲稿。原因如下：

一、语言经典流芳百世

也许每一个会用英语做演讲的朋友都知道"I Have A Dream"代

表着什么。这段美国黑人民权运动领袖马丁·路德·金于1963年8月28日在华盛顿林肯纪念堂发表的著名演讲，对美国以致全世界都带来了巨大的影响。在语言方面，该演讲稿甚至影响了美国一代代领导人的讲话风格，直到今天，其中的句式和文法还被大量的英语母语人士借鉴与使用。在中国，该经典段落也被编入了中学英语的教材，全文亦成为很多外国语学校中学生的必背篇章。

这就是经典，半个多世纪过去了，它仍然在精神和语言两方面影响着世人。

而这样的经典，不止一篇。所以，我们有什么理由不去将它们"据为己有"呢？

二、字斟句酌用词考究

大多数的名家名段，都是有讲稿的。而这些讲稿，都是各个发言人背后的高精尖智囊团队字斟句酌的成果。每一个词汇，每一个表述，甚至是发言者说出某些词的语气，都是精心设计出来的。这样花费大量人力、精力、物力、财力打造出来的语言，几乎是无懈可击的精辟阐述，客观上也是非常值得学习与研究的语言对象。

还以"I Have A Dream"举例。从"I still have a dream; it is a dream deeply rooted in the American dream"之后引发了八个小段落，都是以"I have a dream"开头的。这八段重复的点题段落，语气层层加深，表达内容贯通，节奏铿锵有力，精神气贯长虹。而这段排比连句成篇，铸造了经典。如果真正地理解吃透，不断模仿，我们的口语和书面表达都能得到长足进步。

再比如，我在读高一时，曾经背诵过一篇中国领导人在国外大学的发言稿之英语翻译版。我用了近一个月的时间背过了这篇几千字的讲稿，并把里面的所有生词都通过查阅双语字典理解了，并达到了每句能中英互译的标准。在背这个之前，我听不太懂当时中央电视台九套的新闻，背完后，突然发现自己好多都听懂了。就这么神奇，谁背谁知道。

三、言简意赅高级口语

我认为，演讲稿中使用的语言，是口语化的书面语，也是精雕细琢的语言表达。

很多时候，演讲当中的一句很简单的表达却蕴藏着无尽的力量，那种力量能把讲者的个人魅力展现到极致，既能让人信服，又能让人感到踏实。

几乎在每一段演讲中，都不难发现这样的表达。

此时"I have a dream"又登场了。本身这个主旨句就是一个再好不过的言简意赅之范例。另外，其中所有的短句，几乎都拥有同前后文长句相同力量的效果。如"Let's not wallow in the valley of despair." "Go back to Mississippi…" "Let freedom ring"系列以及"Every valley shall be exalted, every hill and mountain shall be made low, the rough places will be made plain, and the crooked places will be made straight, and the glory of the Lord shall be revealed, and all flesh shall see it together"，都是小短句掷地有声的高级典范。

其实对于语言的使用，不用在阅读的过程中特别留意。读多了，你自然会发现很多妙处。阅读就是阅读，朗读就是朗读，全身心地投入到内容中去，不带目的性地去刻意获取什么，反而会在一定量的积累后，感受到把词汇私有化的快感。就这么神奇，谁读谁知道。

四、本土文化蕴含其中

每一个演讲，都有它相应的背景。演讲绝不会脱离文化而单独存在。而名人名段，更是在特定的国家政治经济文化背景下的产物，其中提及的历史事件与人物，都值得去查阅资料追根溯源。

"I Have A Dream"正文部分的第一句就是一个例证：

- Five score years ago, a great American, in whose symbolic shadow we stand signed *The Emancipation Proclamation*. This momentous decree came as a great beacon light of hope to millions of Negro slaves who had been seared in the flames of withering injustice. It came as a joyous daybreak to end the long night of captivity.

100年前，一位伟大的美国人签署了《解放黑人奴隶宣言》。而今天，我们就站在他的雕像前集会。这一庄严的宣言犹如灯塔的光芒，给千百万在那摧残生命的不义之火中受煎熬的黑奴带来了希望。它之到来犹如欢乐的黎明，结束了束缚黑人的漫漫长夜。

那么首句中提到的 *The Emancipation Proclamation*（《解放黑人奴隶宣言》），便是由美国总统亚伯拉罕·林肯公布的宣言，宣言主张所有美利坚联邦叛乱下的领土之黑奴应享有自由，然而豁免的对象未包含未脱离联邦的边境州以及联邦掌控下的诸州。虽然此宣言仅立即解放少部分奴隶，但实质上强化联邦军掌控联邦的领土后这些黑奴自由的权威性，并为最终废除全美奴隶制度预先铺路。整份宣言分成两个部分发布：第一部分发布于1862年9月22日，是概述第二部分目的的准备公告；第二部分正式生效于1863年1月1日，此时正处于南北战争的第二年，其中包含亚伯拉罕·林肯的声明：所有脱离联邦并回到联邦掌控下的州之奴隶最迟于1863年1月1日后当被解放。而"I Have A Dream"演讲是在1963年所作出的，故有开头的"Five score years ago"，是整整100年前。

试想，如果你把一篇历史性演讲按上面的标准吃透消化，那么这篇演讲对你来说，应该是大大增值了。机会总是留给认真研读细节的人，不管是学习、工作，还是生活，在更高层面对细节的重视，可能会使一个人的生活更加具有别样的意义，会让人体验到常人体验不到的惊喜和精彩，甚至幸运和幸福。

本章小结

一场比赛，可以改变你的人生。

其实这一点，已经不是用外语参加比赛的问题了。

是比赛，就可以改变人生。

然而，我在这里绝不是鼓动各位去享受"一夜成名"的刺激。我所强调的是，无论你在任何领域作出多大的成绩，没有一个展示的平台，你所做的一切也很难被大众熟知和认可。因此，各种比赛，作为各行各业选拔人才精英的最佳平台，意义非凡。所以，如果你想在外语表达上有所突破，参加外语演讲比赛，是一个特别有效的方法。更重要的是，通过比赛，你收获的往往比你想象的多，而那种积极备赛、奋力拼搏的精神，更会为你的生活增光添彩，让你动力满满。

请记住，这不是鸡汤，更不是废话，这是我作为外语参赛者对你说的肺腑之言，是"肺"话。哈哈。

第五章

致外语准从业者

这一章，是最难写的一章。

因为这一章基本上跟本书的主旨关系不大，却是我一路不"学"的最终结果。然而，生活中任何一种结果，都是一个多年来多方作用的产物，讲起来恐怕不是那么容易，而且我也一直怀疑在本章中呈现自己的职业生涯到底有多大的必要性。

首先，我认为，个人的职业发展，不应该遵循某条特定规律或是遵循某个道理，更不能说盲目追崇或依赖他人的建议。职业规划，因人而异。另外，我也不认为自己的职业发展道路，能给大家带来普遍的借鉴意义。

其次，作为央视主持人，我不能把自己的职务优势当作好为人师的砝码。我不觉得拥有一份普遍意义上的光鲜工作，就具备足够"传道、授业、解惑"的能力和权力。放大单位给自己隐性的社会价值，着实不可取。

所以，这一章某些部分的内容，可能会呈现得比较个人化，我只能以自己"外语从业者"的身份，分享给大家一些外语职业选择的方法和态度以及我个人使用外语进行工作的些许日常经历。每个人的追求不同，发展道路也不同。我在本书的前言中就提到，自己的经历不具备复制价值，只是给各位看客提供一点"找自己"的可能性。

"教""学""考""用"和"社会需求"的脱节

在开始详谈"外语职业化"这个话题之前，我想先分享一个我从初中开始，就慢慢意识到的客观存在的系列矛盾。

在中国，英语教育，从某种意义上讲，存在一个"教""学""考""用"和"社会需求"彼此脱节的现象。严重与否不太好衡量，但是十年前关于如何学好英语的那些问题，现在依然普遍存在；十年前，大多数人提到四、六级就头疼，现在大多数人貌似还是头疼。

我们不妨来分析一下。

一、"教"——教材和老师

先来说说"教"的基本内容——教材。

我的一个发小曾经在我俩上初中的时候跟我说过一句话，我记到现在。他说"我们使用的英语课本，是根本没有按能够让我们学会英语的标准来编写的。这些教材只是让我们知道英语长啥样，将来能靠着查字典写篇外语文章和看懂国外学术文献罢了。"

对此，我不敢苟同；但是，它不无道理。

大家都在小学或中学学过英语，那么请跟我一起做个回忆。

请问，有哪种表达是你在后来的日常交流中使用过呢？哦，原来是"How are you? Fine, thank you, and you…"。

请问，有多少课文和对话是与我们日常生活息息相关的呢？哦，你好像只记住了有俩人，叫李雷和韩梅梅。

请问，占用课本一半篇幅的练习题，对于语言的练习到底有多少实际作用？哦，我至少记得自己的英语书从侧面看前一半是摸黑了的，后一半是干净的。

诸如此类，等等。

教材内容的设置，性价比还颇有提升空间。前几天还有几位中小学生在我问完"How are you"后又进入到那个令人哭笑不得的循环中呢，这证明我们的普及性外语教育水平，这几年发展得很是稳定。

再来说说"教"这个动作的执行者——老师。

首先，有一部分中小学英语老师的英语发音是没有完全过关的。我为什么敢这么说呢？因为我这些年一直在接触学英语、说英语的孩子。从他们的口语判断，他们的老师可能本身发音就不是太好。发音绝对正确的老师不可能教出那么多发音不正确的学生。也就是说，许多学生无法在学校用耳朵接收到绝对正确和地道的英语。而教材的配套音频也没有被老师相应地强调其应有的作用。"鹦鹉学舌"这一语言学习最简单并且最重要的一环，最初就没有在学生中形成认识，亦没有在教学中付诸实践。

其次，部分老师在课堂上给学生的开口机会少之又少，并且没有引导学生在课下养成有声朗读的习惯，书面化的讲述充满了整个英语课堂，纸上谈兵的词汇、语法、语言点分析占满了整个黑板。有时候阶段测试后的试题讲解则会让学生对各种正误表达"加深混淆"。

最后，老师也有无奈，老师要跟着一个叫作"教学大纲"的东西设计和完成教学。殊不知，如果从口语表达出发，将一个个鲜活的表达设计成对话让同学们反复操练，效果反而更好。

二、"学"——内容和方法

这里的内容和方法，说的是学生的学习内容和学习方法。

多数学生拿到教材的时候，其实根本不知道怎么下手，从何开始。只是每日在上课的时候听着老师对一篇篇课文和对话的精读讲解，记着笔记。

对于小语种学生来说，很多时候的专业学习，是为了通过专业考试。而学生在为此努力的过程中，经常是摒弃语言的实质提升，一味地追求笔试的成绩。殊不知这样的学习方法对语言学习本身有百害而无一利，这样的复习对于考试来说，也不是很有效率。注重语言本身的运用，用开口带动笔头，嘴巴与脑子并用，朗读与书写互促，这才是所谓专业考试的必由之路。

其实，市面上很多历史悠久的英语报刊和读物，其内容都非常适合学习，并且可以对课堂教学作出很实际的补充。可惜，订购了这些报刊的学生，用得最多的只是它的练习题版面。

三、"考"——标准和要求

衡量英语教育的标准是什么呢？考试。而考试的内容是什么呢？是超出课本中课文以外特别多的语法知识、单词句型以及阅读理解。

举个例子，高中英语最难的语法就是虚拟语气。课本上出现过的虚拟语气类别不过三四种，可是到了考试考的都是除了这三四种以外的非常不经常使用的搭配现象。这就要求老师在课本教学之外为了考试的要求又单独加码介绍了全套的16种虚拟语气用法及例句，大部分学生听得应该是一头雾水。

简而言之，如果一个普通学生，只靠正常的课堂听讲和课下作业，是远远达不到相应年级的考试要求的。如果把靠"蒙"的分数减掉，及格都难。

四、"用"——角度和态度

俗话说得好，"学以致用"。在国内英语教育的多年熏陶下，中国人普遍的英语使用能力都不强，可以说是很弱。

就算有超能力的学霸硬生生地把所有的语言点全都背过了，考试考到了140分，可是他能张嘴说出几句像样的英语吗？英语高分学生的英语使用水平又如何？这个问题已被无数人所问，口语的重要性已不必再一次地阐述了。这里就涉及一个有关学习态度和学习角度的问题。

所以，我们一定要明确一个学习标准并端正一种学习态度，就是：我学外语，是为了应用。

五、社会需求的水平

社会对我们英语水平的要求，应该说不言而喻。各类用人单位可以说都把英语水平作为录用人才的重要标准之一，各种大小的国际化场合，一口流利的英语都能让你脱颖而出。

可以说，"中国式英语教育"的教学方法多是死气沉沉的"纸上谈兵"，教的内容大多是缺乏生命力的语言点，这些语言点在没有语言环境的熏陶和大量有声练习下是很难真正掌握的。学的内容是鲜为使用的死语言，考的内容却对语言水平要求很高而且往往是超出课上所学的。大部分学生课下又不动嘴练，还要被大环境逼着使用英语，只能连蒙带猜的过了考试关。许多学生一边埋怨没有语言环境，一边报名价格不菲的课外班，同时一批批地进入到质疑"中国人怎么学不好外语"的大军。这种"教""学""考""用"四者脱节的现象有点像中国足球，如果没有颠覆性的改革，很难成功。

所以，在明确和认识到上述问题之后，想做一个外语从业者，首先要从根本上端正态度：不论我年龄多大，我学习外语的目的只有一个，为了使用。在和外语打交道的方方面面、点点滴滴，都要秉承着这一标准和态度。当然，我说的是用外语当工具的工作，不是本身研究外语和文化的工作，你想做研究，那还是要在笔头和阅读上比常人多下几倍功夫的。

外语：最佳敲门砖

这一部分，是写给已经有兴趣将外语职业化的朋友的。

当然，我觉得这个小标题过于主观。

外语，是打开世界的一把多功能钥匙。有外语能力在手，你便可以开启很多领域的大门，进入到一个个"高大上"的房间。

我们不妨先来梳理一下，能用外语作为工作语言的工作，都有哪些呢？

首先我们能想到的是，翻译。口译员在各种国际舞台上的英姿，笔译者穿越不同文化时的睿智，那一言一语字句如刀的战场，是多少外语高手的向往。

另一个以外语为敲门砖或工具的职业方向，就是外事工作。高校外语专业的同学应该对此有更多了解。每到毕业季，各大部委应该是相当多毕业生向往之处。做外事工作也应该是很多同学的理想职业。

外企职员，这虽然不能完全归到"外语从业者"的范围内，但要想在外企工作，流利并且专业化的外语是一项基本要求。所以作为外语好的人，外企也是一个非常不错的职业选择。

随着我国对外宣传力度的不断增强，外语媒体人，也是国家越来越需要的人才。另外，中国的形象在世界范围内的呈现与曝光率也与日俱增，各种外媒在国内开设的办事处或分台，也给外语强的人们提供了广泛施展才能的空间。

其实还有更多的职业，并不是跟外语直接相关的，但会在工作中用到外语。比如金融、教育、旅游、咨询，等等。这么说吧，会外语，就等于在你本来就无比精英范儿的工作中平添了一身耀眼的战甲，让你如虎添翼。

另外，很多外语专业的毕业生，创造力和创新意识都非常强。其中的很多人会适时选择创业，走上把握自己人生节奏的成功之路。

诚然，你会外语，而不去外国走走，也是一大遗憾。随着留学大军的不断壮大，留洋镀金的流行趋势，投资移民的浩荡人流，如果你觉得"世界那么大，我想去看看"，那么流利外语在口，你看到的世界将会与众不同。环游地球，说走就走。

所以从某种角度讲，外语牛人似乎"得天独厚"地相对拥有着高质量生活的敲门砖和通行证。

原因有三：

一、外语人才普遍拥有国际化视野和超出常人的交际圈

既然能够称得上"外语人才"，那么，"读万卷书，行万里路"，至少得占一样。并且，不论是从书本里读世界，还是走出去看世界，我们在以外语为载体汲取知识、拓宽眼界的过程中，势必让自己不断培养着一种国际化的视野。而这种国际化的视野在学习和工作中起着非常重要的作用，可谓在见多识广中取长补短，让自己的生活得到健康的优化。

外语好的人，一般都很开朗。开朗的人，一般朋友都不会少。而到了外语人才这一级别，他们的交际圈一般来说，不算人中龙凤，也算超出常人。原因是"物以类聚，人以群分"，健康的高端群体当中总是英雄惜英雄，大神配大神，无论是因为什么样的场合走到一起的人，只要大家外语都不错，那么社会地位和群体素质鲜有低端。请注意，我说的是"健康的"群体，不是外语好的人素质就一定高哦。我只是说，外语好的人相对比较容易为自己打造出一个健康积极和相对高端的交际圈。

请注意，我没有在划分社会层级或教你做势利眼的意思，我是在强调，拥有了国际化的视野和积极向上的交际圈，你的生活会变得异于常人的丰富多彩。

二、外语人才对自己的生活质量普遍有着相对较高的标准和要求

这一点，是从主观上出发的。

外语学得好的人，一般情况下都出过国。当然这里我指的不是在国外学的外语，是说外语好的人，都有一种"走出去看看"的心情和能力。而出国看过世界的外语人才，一般都见多识广。见得多了，也就会自然地提高自己的生活质量，提升自己的生活 品位。

举个例子，买衣服。如果你"不求品位，只求最贵"，我相信你一定是土豪，但也相信你不会搭配出最时尚大气的衣装风格。相反，如果你常看国际上的流行趋势，国际大牌的名字全都能叫对，我觉得你应该挺会穿衣服的，而且对自己的生活质量一定有不俗的要求。

还真别不相信外语好跟会穿衣服有什么关系，我负责任地给你推理一下。外语好的人普遍见识多，随着见识的增多审美水平就会提高，而会不会穿衣服，就是审美水平的自身体现。有人可能会说你讲外语怎么跑题跑到穿衣去了，有一种课程叫"形象管理"，管理好自己的形象，才能提高自身的生活质量。而外语人才，在这一点上几乎可以做到水到渠成。

三、外语人才的需求单位普遍拥有广阔平台和优厚待遇

这一点，我觉得毋庸置疑。在本节开头我列举的那些职业方向，我想都应该是普遍意义上的"好工作"吧。另外，同等的职业要求，会外语的人一定比不会外语的人更受青睐。

至于优厚待遇的问题，其实是因人而异的。但确定的是，外语一定是一个能让你获得更高收入的重要砝码。我个人一直在避免一种"待遇＝工资"的想法。我觉得，工资的多少，其实不是最重要的。一份工作给你带来多少个人进步和提升空间，能实现你的多少职业目标，能够为你提供多少机会，能够带你进入什么样的圈子，而你又可以在该职业中为团队作出多少的贡献从而实现自我价值……都很重要。当然，金钱很重要，但是有了上述的一切，金钱总会以一种"副产品"的形式随之而来。

　　请注意，我肯定外语的重要性，不代表我否认其他素质的重要性，而且外语也不是实现价值的唯一技能或是获得成功的必要条件。我只是告诉各位外语玩家，外语可以帮助我们敲开一扇又一扇的大门，引领我们进入一个又一个缤纷的世界。

　　只要你可以把任何一门外语学精，你不仅完全不愁没饭吃，而且很可能会吃得很棒，吃得很香，吃得很爽。

　　我靠着外语，这个我唯一的生存技能，敲开了中央电视台的大门，成了央视主持人。再次感谢上天让我拥有外语技能。

从外语到主持——我怎么进的央视

　　因为我从来没有把外语当学问、当学科，所以我从外语这个点，延伸出了很多别的领域，之前提过了演讲和唱歌。而实际上，我如今的职业何尝不是我在外语游乐场中的另一个项目。所以，还从个人的故事讲起吧。

有人说，当你把兴趣变成职业的时候，你就失去了对它的兴趣。

我说，不一定，看你对它什么态度。真爱无敌。

我第一次做主持人是在大一的时候，那是2003年首都高校英语演讲比赛，我是决赛的主持人。还记得我是现买的西装、衬衫、领带、皮鞋，提前很久便写好了主持稿并认真核对数遍。

比赛当天，我紧张得想要呕吐；上台之前，我紧张到手腿发抖。

而就在学校会场大幕拉开，舞台灯光亮起的一瞬，我竟然如有神助般地自信了起来。眼前的一切仿佛幻化成了仙境，时光骤停一般让周遭如夏夜般宁静，同时内心平静到拥有了前所未有的踏实和笃定。

就在这一瞬间，我突然意识到，原来自己是属于舞台的。

随后，我用尽可能美妙的感觉和声音，说出了自己作为主持人的第一声"Ladies and gentlemen…"。

从此，我便拥有了"主持人"这个身份。

大学四年，我主持了整整30场校内的文艺晚会和学术比赛。

每次登台，我都认为，舞台是崇高的。而我对每次上台的机会都无比珍惜，每每都会带着一颗最诚挚的心，向观众致敬。

在毕业之后，我选择了进入一家国企上班，基本上承包了公司大小活动的主持，甚至因此得到了领导的认可，把我派去了驻外项目。我头一次感觉到，有人能靠唱歌上北大，有人也能靠主持谋岗位……

现在比较流行"梦想"这个词汇，如果按这个标准归类，做一名主持人应该算是我不大不小的梦想吧。而不管在哪里，心中那个所谓的"梦想"从未死亡。它就像一颗种子，静待发芽。

曾抱着学习交流、开拓视野的目的参加过无数比赛，或学术的，或艺术的。但冥冥之中，内心始终朝着那个神往的方向眺望。

这个我一直眺望着的，就是一个能聚合外语、电视、主持的平台。其实之前所有的经历，早已让我在心中埋下了那颗成为一名电视主持人的种子。

而就在2009年，中央电视台阿拉伯语频道的开播，让这颗种子破土而出，让我的梦想初步成真。

至此，我的"外语之路"算是真正意义上走进了一个职业化的路段，虽然时而略有荆棘，时而如履薄冰。但毋庸置疑的是，我非常热爱我的工作，这份工作令我无限荣耀，让我无比珍惜。

我是怎么进入央视又当上主播的？为此，分几个副标题，多说几句。

一、改写人生的决定

记得当时我还在非洲工作。一天，我正常上班，打开电脑，几个朋友先后给我发来了同一个央视阿拉伯语的招聘信息。回国、考试、应聘成功。我便作了这个改写人生的决定。

不过，有谁能想到，阿拉伯语频道竟会以一种"像被人在后背突然给了一闷棍"的方式开播。这种像听到冲锋号一样的紧急开播是参与其中的全体阿拉伯语人心中永远不可磨灭的经历。而对于我，则有着更加刻骨铭心的记忆。

2009年7月18日，承蒙频道领导和专家的肯定，通过央视主持人、播音员评定委员会的评审，我入选成为频道第一批新闻主播中的一员。可是眼看着目标实现近在咫尺，心里就是高兴不起来。因为对于7月25日就要开播的频道，对于完全没有准备就要面对的新闻直播，我感受到的是"赶鸭子上架"的无奈和难以承受的压力。

临危受命，目标变成了任务，所谓的梦想无奈以这样一种方式实现。以往的经历告诉我，这时候，一定需要大量的"工夫"和"功夫"作准备。因此，我开始了为期六天的刻苦"善"补，在最短的时间内，逼着自己完成了从一个播音主持的门外汉，到"专业"的中央电视台阿拉伯语新闻播音员的强硬蜕变。

这说起来有点搞笑，但是，我和我们，一起创造了这个惊人的奇迹。

二、心如刀割的瞬间

万事开头难，我曾在央视经历过心如刀割的瞬间。

要问我在频道最难忘的事，我会说是北京时间2009年7月25日12点59分50秒的那一刻。那是我至今为止，最毛骨悚然的经历。

由于之前对新闻直播并没有太多的概念，更没有切身的体会；所以在"长达"六天的练习期间，每当进入演播室，坐在主播台上的时候，心里便不断告诫自己：这跟我之前做过的电视一样，只要把稿子读出来就好。

可是事情就在开播当天有了变化。清晰记得，当导播下口令"一分钟准备"的时候，我心情很好，很稳定，只是有些许正常的紧张。这紧张能给人在台前保持应有的自律。可是，在听到"10、9、8、7……"的时候，我再也按捺不住对未知事物的惴惴不安，再也不能用正常的思绪控制自己的思维，唯一的想法竟然是希望自己能够马上晕倒，从此再不跨入直播区半步，从脊柱冒出的冷汗告诉我：张博，你干不了这个。"……6、5、4……"我干脆闭上眼睛，下意识地深吸一口气，随着慢慢吐出这口气，我睁开眼睛，告诉自己：你是属于这里的。"……3、2、1……"全世界好像只剩下我和眼前的镜头，便索性定睛看着镜头，随着片头音乐戛然而止，我竟微笑着说出了在央视阿拉伯语的第一声问候。

直到片尾音乐响起，我才意识到，刚才竟然完成了一次新闻直播！而此时，身上的衬衫已经被汗水浸湿。没有想到，第一次心如刀割的一瞬和随之而来的15分钟、30分钟，在随后的几年里，竟成了像吃饭睡觉一样平常的事情，竟一天天逐渐变成了享受。我珍惜和享受这一年中的几百次新闻直播，不仅因为喜欢面对镜头的感觉，更多的因为这代表着中国对阿拉伯世界的一种立场、一种观点、一种态度，也代表着个人的一份荣誉、一份责任、一份自豪。

三、勤能补拙的定理

在外语频道播外语新闻，其实就是对着镜头读外语。不熟悉，不适应，不习惯，只有勤能补拙。

中学时代我最喜欢的一句话是：自信是成功的第一要诀。大学时代最喜欢的一句话是：成功路上没有电梯，只有一阶一阶的楼梯。而现在如果你问我最喜欢的一句话，我会说是：勤能补拙是良训，一分辛劳一分才。

我爱外语，爱得爱不释手，爱得死心塌地。如果你说你能打一天的麻将，那么我可以说我能大声读一天的外语。

开播初期，我和其他三位新闻播音员连续上了一个半月的班，每天都完成固定档的新闻播报。这45天，对我们来说称得上是一种锤炼。即便是这样，毫不夸张地说，每天从走出台门的时刻，我便开始收听阿拉伯语广播节目；回到家，马上打开的便是电脑，对半岛电视台、BBC的内容进行轮番轰炸。甚至拿出初中时操练英语的复读机，将他们的声音和我的声音分别录下，做跟读对比练习，直到自己的语言和他们的语言音调一致，节奏相同，甚至音质都变得相似。当时心急如焚，想尽快缩短与阿拉伯语国家阿拉伯语播音员的差距，在最短时间内赶超成熟电视台阿拉伯语频道播音员的水平。而现在静心回想，这一切的废寝忘食和全情投入，应该源于对中央电视台外宣频道新闻播音员这一岗位的崇高敬畏与加倍珍惜，和那份对阿拉伯语的痴迷以及对它最原始的纯纯的爱。

每次播音都是一种同自己比赛的过程。开播前半年，每每遇上连续几条配有现场画面的长篇新闻稿，我都会长叹一口气，满脸担忧地坐到主播台上。现在我甚至爱上了它们，因为我知道，这样的消息播报才更具现场感，更能让观众感觉与新闻同行。我深知自己早已战胜了自己，也乐意在随后的日子里不断迎接挑战。

开播首年的下半年，则是一个从自我减压到自我加压的过程。减压是主动修炼内功，自我排解压力；加压则是在节目正常化，播报由熟练化到"机械化"之后，自我提升的另一种想法。我开始注意在语气语调中注重中国的态度，开始在播报体育新闻的时候身处赛事，开始自己修改提要使之更加引人入胜，开始在新闻与新闻之间加进圆润的语言过渡，开始喜欢同记者连线，开始和业内同行交流学习广播电视新闻播报以及采访的经验和技巧。同时，我并没忘记对语言本身的锤炼，让自己的阿拉伯语一步步"阿拉伯化"。

高标准、严要求的口号，不是只在开会时说出的戏文。在播音中，我十分注意做到这一点。在开播约10个月时候，我写了一篇题为"浅谈如何提高外语播音'本土化'程度"的文章，以期自省和交流。

有人说我是"电视史上第一位，也是目前唯一一位中国籍阿拉伯语新闻男播音员"。对此，我想说，我只是个幸运儿，不是张博，也会是赵博、李博、刘博，这"史上第一"的头衔，是恰巧在恰当的时间和空间出现，我只是扮演了这出阿拉伯语大戏中的一个角色而已。

四、需要忘记的荣誉

能做央视主持人，没什么可骄傲的。蝉联频道播音主持一等奖，只是很感激评审老师的抬爱，同时欣慰自己的努力方向是正确的。唯一给我很大荣誉感的是频道开播不久后的一通电话，是一位叙利亚女观众打来的，说喜欢我，喜欢我说的阿拉伯语，喜欢中国人做的阿拉伯语节目，喜欢中国博大精深的历史与文化。我与她聊了五分钟左右，除了致谢，还表达了我们频道所致力于的外宣工作以及我们的频道刚刚起步，希望她能继续关注的愿望。挂断电话，我竟不像原来那样能回忆起自己的闪光点，想不起她夸赞了我什么，只记得她说了一句"我会永远支持中国人办的阿拉伯语频道"。为了这一句，我切身感觉到了什么叫"金杯、银杯，不如观众的口碑"，也对今后的工作充满了动力与信心。

　　工作几年以来，单位的"岗位标兵""优秀员工""先进个人"等称号，着实拿了不少。做了几年的分内工作却成了"标兵""先进"，我打心眼里认为，受之有愧。不过我更愿把它看作一种鞭策，作为一名"标兵"和"先进"，我才刚上路呢。实际上，荣誉只是附属品，观众的喜爱和认可才是电视工作者成功的真正标准，和一个主持人值得铭记和为之倾注一生的目标。

　　当然，在阿拉伯语频道，我除了完成日常的播音、编辑、采访工作，还一直在思考，思考我们何时能成为阿拉伯语的国际大台。当我看到半岛电视台、BBC & CNN 阿拉伯语频道、今日俄罗斯等媒体大份额占有阿拉伯语频道市场的时候，我不相信央视阿拉伯语频道在他们面前只有学习的份儿，也不相信中国人播出的外语节目一定比外国人做的差。

　　不知为何，我时常会以一个领导者的视角去看频道，甚至以这样　种态度去投入我所热爱的工作。这种"愚蠢"的想法从开播那天起，一直持续到今天。而直到现在，我才意识到，原来我早已把"HOST"理解为了"主人"，而不单单是"主持人"。

　　现在能做的，只有在屏幕前以主人翁的形象与姿态面对观众，给所有支持阿拉伯语频道的观众一份令他们满意认可、令自己问心无愧的答卷。

五、油然而生的感谢

我从小到大，感激之情在各个阶段都会油然而生，在此更不例外。

在单位碰上一位好领导是件幸事，感谢阿拉伯语频道总监李仲扬老师帮我圆梦。

感谢所有频道成员，是所有人的努力让频道新闻节目从无到有并逐步完善，是各位造就了频道今天的成功。

感谢化妆师，我的形象能上电视本身就是个惊人的奇迹，感谢你们的妙手。

一个工作单位能让我如此的开心，我非常珍惜。而向前望去，任重道远。

阿拉伯语频道存在和发展的意义在于，让中国的声音响彻阿拉伯世界。但外宣工作并不是"扯着嗓子喊"，而要做到"润物细无声"。我愿做一滴水，可以是一滴辛劳的汗、一滴感激的泪、一滴奔放的泉。在屏幕前反射频道光芒的同时，为其需要浸润之地，贡献一份微薄之力。

这份工作给我最大的成就感在于：每次当我坐上主播台，将手中的二十几页稿子放在桌面的一瞬间，我感觉，此刻，世界就在我眼前。

对"主持人"职业的几点拙见

在回顾完自己的"主持入行史"之后，我想用些篇幅，谈谈自己对主持人这个职业的看法。就我身边的外语大神来说，他们都在各自的领域做过主持。也许是出色的外语水平锻炼出了他们能言善辩的技巧，抑或是塑造了他们开朗热情的性格，再或者在一次次的口若悬河中他们爱上了上台炫耀……无论什么原因，"外语大神"和"主持人才"，有着某种下意识的微妙联系，所以，我更想多说几句。

主持人是个职业，而主持是门学问。在这个职业和专业领域，我的业务水平和从业经历绝对给不了我班门弄斧的机会。我只能从仅有的数年经验，在这里谈一点我对这个职业的看法，分享一些台上台下、台前幕后的从业体会。

一、主持人，和播音员不同

在中国，有种职业，叫播音员。这个职业的工作内容，就是用口语传达新闻内容，要求态度明确，字正腔圆。

准确地说，我的职业，就是上段描述的这种播音员。

而这里提到的主持人，跟播音员完全是两个职业。主持人是一档节目或一场活动的串联者，需要用敏捷的思维、准确的语言把握节目的内容与方向，引领受众在健康舒适的思想氛围中欣赏节目和参与活动。

我在单位里的日常工作性质，决定了我的职业是播音员，而非主持人。但从小到大，我做了很多次主持人，包括文艺晚会、学术比赛在内的各类活动，粗算一下，出场次数也应该有小几百场。从这些主持经历中，我对主持人的工作内容有一些认识，对主持人的职业要求有一些粗浅体会。在此，斗胆分享给各位。

在这里探讨的主持人概念，我先把它广义化。

二、主持人，首先是一个"人"

主持人首先得是个人，活生生的人。说的是人话，办的是人事。

有些主持人，喜欢把普通的主持词演绎成诗朗诵，我个人觉得听起来不像人话。

有些主持人，明明不是幽默的人，非要开那些蹩脚的玩笑，不仅不好笑，而且感觉不像他说出来的话。

有些主持人，明明可以正常说话，非要拿腔拿调，显得不自然。装出来的气势不仅特别假，关键还特别脆弱。

我承认，主持人从某种意义上说，也是演员。但是如果演技不好，就会丢失亲和力，贻笑大方。

必须要承认的是，中国老百姓能够在家里直接看到的媒体相对比较狭窄。我们一般看不到除了中国本土之外的世界其他媒体，除了央视和各地卫视以及当地频道，别无他选。比较先进一点的电视信号服务，可能能看到一些港媒。必须要承认的是，中国大陆的媒体，还没有大规模跻身世界一流"媒体之林"。而有些主持人则给大众作出了错误的主持和语言的示范。

主持，是门艺术。艺术，源于生活而高于生活。主持人，要在工作中使用"来源于生活却高于生活"的语言。我觉得，既要"接地气"，又要有"指导性的"升华。

另外，中国的播音与主持艺术专业的课堂教育只能教会这个专业中技术层面的能力。而真正优秀的主持人，是靠妙语连珠的亲和力感染受众的。而大多数优秀的素质，是必须在社会大课堂中积累而来的。也就是说，想当好主持人，必须要在生活中有素质、有才华、有品位、有意思。

三、主持人是节目的"主人"

一种主持人的普遍英语表达方式是"Host"，而一个"Host"在一场宴会中就是"Invite the guests and provide the food, drink or entertainment"的那个人，即"主人"。而节目中的"Host"，就是"Invite the viewers and provide information, thoughts or entertainment"的人吧。两者在各自场合下的作用非常相似。我个人认为，主持人就是一个节目或一场活动的主人，要用一种主人翁式的慷慨和亲和，对待每一位观众，也就是你的客人。

而在这一方面，我想强调的有两点，一是引领感，二是放松感。

一个场合的主人，是要在行为上带领集体行动，在思维上引领受众思考的，正所谓"提纲挈领"。而同时，如果你是一个场所的主人，那么你在该场所的行为一定是放松的，比如你在自己家里就是主人，肯定是以一种最松弛的状态活动的。所以，当主持人在台前面对观众时，就好比你请了贵客到你家做客，既要彬彬有礼地招待，又要让自己和客人都舒服，当然由于你请的不是一般的客人，所以还要保证足够的庄重感和严谨感。

四、主持人要有服务意识

我们去饭店吃饭时，可能吸引我们再次光顾的不仅是美食，还有服务。目前，服务意识在中国大部分地区的服务行业中都不强。而在主持人群中，真正拥有服务意识的主持人，才是优秀的主持人。

最近看到一篇文章，讨论的是"婚后生活的仪式感"，我觉得，"仪式感"这个词特别棒，适用于日常生活的方方面面。我觉得适当的"服务意识"，就是"仪式感"在待人接物方面的一个集中体现，也就是我们一般说的一个人"讲究"与否。其实这一点，也可以由上一点"主人翁的慷慨和亲和"引申而来。你怎样以主人的身份去服务你的客人，是我作为一名主持人一直不断思索并付诸实践的崇高追求。

五、主持人要有专业

我这里说的主持人的专业，不是"播音与主持专业"。我认为主持人应该有一个或若干个自己擅长的专业知识领域，就跟翻译人员一样，翻译的专业一定不能是"翻译专业"，而必须要有自己擅长的领域。而这个专业，可以是在学校里学习的狭义的专业，也可以是自己通过长期实践与积累而深入了解的专业领域，例如金融、贸易、汽车、医疗、体育、艺术这样的专业。

很多优秀的主持人根本就不是播音与主持专业毕业的。而大学专业学的是什么，毕业了也不一定要干什么。一个专业的作用，除了教会我们该专业的专业知识与技能之外，更重要的是，提供给我们一个读懂世界一角的机会以及丰富自我和实现自我的角度与可能性。在一个领域钻研得越深，在这方面的领悟就越透彻；而如果在不同领域都有深入的涉猎，那么相应地，人格就越丰满，说出来的话就会更有说服力和公信力，相应地，更加值得借鉴和具备现实意义。而在这时候，如果恰好喜欢表达，或是喜欢展现自己的口才，不妨思考一下，也许你也可以做一个有魅力的主持人呢。

"Vise Versa"，反之亦然。如果已经站在主持人的岗位上，请让自己"专业"起来。我认为，这是一个优秀主持人必须拥有的学习型人生。

正所谓，主持人应该是有思想、够博学的一个群体，即便你是娱乐节目主持人。这时候，赫胥黎的那句经典名句可以再次拿来，作为衡量一个主持人的标准："Try to learn something about everything and everything about something."。尽可能广泛地涉猎各门学问，并且尽可能深入地择一钻研。具备了这样的学习精神，不成为优秀的主持人，难。

六、主持人要有个性

每个人都是不同的，如果说着千篇一律的话，做着流水线般生产出来的动作，现在的观众不会买账的。

这其实就像是一个有魅力的人必然有个性一样，思想平庸的人，一定做不了主持人。

另外，个性可以体现在方方面面。语言特点的个性，观点见解的个性，穿衣打扮的个性，还可以是自身承载的艺术性。主持人如果可以精通一个甚至几个艺术门类，那么对在台上表现力的流露绝对是大有裨益。

七、主持人要敬畏舞台

诚然，任何工作要想做好，对这份事业的热爱，是绝对不可或缺的。但是，要想做好主持人，我觉得要对舞台有着一种特殊的热爱，或是说崇拜的敬畏感。

人对真正热爱的事物，其实在内心深处是对它有敬畏之心的。而主持人出于对舞台的爱，就更应该将这种敬畏之心，转化为在台上保持一份清醒的自律。主持人在台前的一言一行、一举一动，都会在受众心中产生放大的影响，所以在这一点上，主持人对舞台的敬畏感，就化作了一种更高的责任感。只要在工作环境里，请对自己的一切负责。

八、主持人好坏的衡量标准：观众喜不喜欢

一个主持人的成功与否，是不需要靠单位的先进评比或是什么"金话筒"来衡量的。正所谓"金杯银杯，不如观众的口碑"，观众的接受与喜爱，才是对一个主持人最大的褒奖，也是衡量主持人好坏的决定性标准。

当然，主持人这种"名利双收"的职业，是要正确对待观众的喜爱的。不管是体制内的主持人，还是商业化包装的主持人，若对自己的成绩沾沾自喜，盲目地享受粉丝的喜爱和狂热，那么很容易就陷入了躺在功劳簿上睡大觉的状态，岌岌可危。我不是因为自己是央视主持人才说这么冠冕堂皇的话，这是我在大学做完第一场主持有人找我签名拍照的时候，就在日记中写下的。

以上就是我做主持人的点滴感受，不成系统，但却真实。

如何获得一份跟外语相关的好工作

说实话，这一部分我很不喜欢。

因为这样一来，这本书就显得和机场那些教你如何成功的书有一拼了……

但是思前想后，作为一本"不教方法，只谈方向"的书，对于绝大多数"准外语从业者"来说，还是有必要就大家共同关心和必须面对的实打实的问题给出一些个人看法的。

在成为一名外语从业者之前，我们不妨先聊一聊，如何获得一份好工作。

那么，提到"找工作"，你能想到什么？

面试、简历、证书、关系……

好，我们就按照这种细化程度，来分别谈一下该怎么准备。

一、证书

我觉得，在这一点上，要做到：所有人都有的，你得有；大部分人没有的，你该有。一个跟外语相关的好工作很难招聘一个连六级都没有通过的毕业生。另外，如果你在大学就考取了某些可以证明你有从业资格的翻译证，那你在毕业时与用人单位的互选天平上必然拥有了一个重重的砝码。

二、简历

扪心自问一下，自己真的会写简历吗？

有多少人的简历，是以学校校名置顶的？

有多少人的简历，邮箱写的是QQ邮箱？

有多少人的简历，实习或工作经历是按时间正序排列的？

有多少人的简历，还写着自己是性别男性别女？

这是你的简历，应该用你自己的名字置顶。大公司的联系方式一般都不是QQ邮箱，请让自己职业化。简历的所有经历，都应该是时间上的倒叙，国际规范。你简历上有照片，性别能看出来……

再一次说明，张大夫这书不是教方法的，就是在这部分给大家提个醒，咱不能把无知当习惯。

三、名片

我在大一的时候就做了名片，头衔是"北京第二外国语学院广播台英语播音部部长／《中英双语新闻》（*News Double Way*）主持人"。我当时印制这个名片的目的很简单，在校际同行的交流中，结识更多的朋友。后来我在大三又印制了新版的名片，与之前老版不同的是，这次正面我只写了自己的名字，然后背面写了"Radio Announcing／Event Hosting／Conference Interpreting"，目的很明确，我选了三个自己当时最擅长的领域，为了在校外的社会实践中让结识的朋友更直接地认识自己，同时能获得更多机会。

当然，我觉得现在的名片除了电话和邮箱之外，个人信息方面，还应该写上微博和微信号，或者直接把微信二维码印上去。如果不跟随时代的潮流，那么终将被时代抛弃。

四、面试

市面上有太多关于教你如何面试的书，我没看过，但是我面试没失败过。

我觉得，面试的准备，无非是从内在、外在两方面准备。

内在，其实没法准备……因为靠的完全是你长期的积累。

外在，其实非常有的准备。面试，面试，面对面的考试。所以外表分一定占的比例不低。这就是我在前面的内容中提到的 "表面文章" 的部分，"外貌管理" 很重要。

五、社交媒体

我觉得，在互联网的时代，善用社交媒体是一项必备的技能。微博和微信，其实不仅仅是交流工具，稍微用心一点，完全可以做成很好的自我展示和推广平台。做个有心人，机会总会如期而至。

当然有些人可能会说，我找工作和我在微博、微信发什么有什么关系呢？其实我想说，从一个人的社交媒体主页上就能看出一个人的性格特点、行为方式以及生活态度。你是不是一个积极的人、乐观的人、上进的人，一看便知。当然你可以选择用 "马甲" 来抒发负能量，前提是你要有足够的智商和情商。简言之，一个人的社交媒体，等同于一个人的穿着打扮，是一个人非常重要的 "脸面"。

六、关系

最后的这一点呢，我必须得从当今的大环境下换个话锋。

首先，我是一个从来不靠关系办事，也从不相信靠关系能够办成事的人。但是要说我取得的成绩纯靠一个人的努力跟本事，那也绝对假话，因为这样说既片面又自大。实际上，我的一切成绩，都是靠社会关系中各行各业的朋友推荐的机会而取得的。我从来没主动找过关系办事，但是我交到的朋友时常地会想起我。后来我琢磨了一下，可能是他们觉得我这个人还行吧。也就是说，一个人在自己的社会关系圈中做到什么样的程度，扮演什么类型的角色，在朋友的眼中是什么样的人，是衡量一个人成功与否的另一标准。被朋友和同行肯定的人，一定是个有本事而人品好的成功者。

其次，我绝对没有在教你以功利的心态去寻求维护能帮你办事的关系，但是我觉得一个没有长久朋友的人是挺失败的。靠"烟搭桥、酒开路"维系出的关系，可能也只是在业务上互相算计的"合作伙伴"；而靠共同的追求结识的朋友，才会享受到"英雄惜英雄"的快意。自己各方面做到位，运气一定不会差。当你靠个人魅力和诚信品格广交天下豪杰的时候，可能你想做不成事也难了。

我想说的是，我个人认为，对真正的人才来讲，找工作，根本就应该跳出刚刚所说的一切条条框框。

其实，大多数的公司，都长期缺人。这里说的"缺人"，是缺"人才"。然而，他们不会整天到处喊"我们公司缺人"。人才，谁遇到了都想要。还有，每个公司网站上都有一个"联系我们"的链接。请问，你联系过他们吗？

最佳的"找工作"方式根本不是在看到招聘启事后再投简历，而是在自我职业定位之后，主动向目标单位自荐。而最酷炫的求职方式，则是在相关的场合中展示自己，或是结识相关行业的从业者，被工作找到。

诚然，不可能每一个工作都能让你天天精彩地实现着自我价值和体会着踏实的存在感。必须要清醒地认识到，大多数的工作其实都是很普通、很平凡的。所以，我们中的绝大多数，都会相对平凡地过完这一生。但是，如果连目标和梦想都没有，我觉得，你可能就失去了一个人区别于其他生物的意义了吧。

如何保持和提高专业外语的水平与熟练度

我觉得，这本书写到这个份儿上，一切关于外语的问题，都可以用两个字来回答。

积累。

多方面的积累、多角度的积累、多维度的积累、长时间的积累。

本节标题虽然写了"专业外语的水平与熟练度"，其实主要就是想强调在语料选择上的"专业化"。具体方法和指导思想，与普通语料大体相同。

一、依照自己的水平营造适合的语言环境，保证语言长时间有意识地有声输入，也就是听

如果你认为一进屋你就放着外语就是在"练听力"，那你就大错特错了。你没有跟着它的意思走，只是听到了声音，等于白听。当然，你想通过看美剧看电影啥的提高听力，也不现实，原因是你在看的时候根本没在用心听角色的对话，而是在看着字幕享受作品。这样，效率低到超出你的想象。

其实，听抄，是一个非常有效的保持和提升外语水平的好方法。这个方法的好处在于，目标明确，就是要把听到的东西按原文写下来。而且可以选择与个人专业相关的材料去听抄，一方面熟悉专业表达；另一方面又可以增进自己的专业技能，针对性非常强。

以我为例，我闲暇之余经常收看阿拉伯语半岛电视台的新闻直播。这个过程我不是为了获取信息资讯的，而是为了留意他们在新闻中所用的表达的。每当我听到妙处或是我没有听过的表达方式时，都会如获珍宝般记下来，也会毫不掩饰地找机会用出去。更加扎实的做法是，直接靠反复聆听同一段文章，并且每次都有意识去体会它的意思，成百上千遍的刺激就会让你把这篇文章背下来。就像小品看多了，里面台词都记住了一样。

二、依照自己的兴趣点和专业需要，进行长时间的有声输出，也就是朗读和背诵

在任何专业领域中使用的英语，都可以通过朗读和背诵该领域的文献来掌握。

例如你是金融分析师或是银行职员，则可以去知名的财经媒体官网上找一些文字来读，或是直接寻找英语的财经新闻来反复聆听和朗读模仿。再比如你在信息技术行业工作，我觉得那些大牌IT企

业的文字介绍和宣传片就可以是你的练习材料。医学英语、汽车英语、时尚英语等之类的材料就更好找了，各种商品、药品、化妆品的说明书，直接拿来就能用。

所以，"具体读什么好？背什么好？"这类我又被经常问到的一种问题，就迎刃而解了。其实，材料的选择一点都不重要，重要的是你真正开始去做。我认为，就算是一个公司的垃圾桶里面的废纸，也可能有适合和值得把玩的练习材料。这句话的意思是，环境，无处不在，就看你做不做有心人，能不能加以利用。我个人就在曾经任职国企的废纸箱里发现过教科书一般的合同文件，当时我背了两段就直接可以把这些语言用于随后面临的邮件往来和商务谈判中。

在某一方面出人头地，必须要做"专家"；而掌握一门语言，别忘记，一定要做"杂家"。好了，我应该是第三次提了："Try to learn something about everything and everything about something."，这在专业外语的积累中甚是重要。所以除了与本专业相关的外语之外，不要限制住自己的眼界和世界，喜欢什么，就去多关注。在这个网络信息爆炸的好时代，什么材料，均是唾手可得。第一点提到的美剧啊，电影啊，还有很流行的TED演讲什么的啊，能有兴致多看一点，就多了一点进步的理由。"A little bit more always counts and works miracle."，一点点，总是那一点点，就能创造奇迹。

三、合理利用你身边的外国朋友，主动创造交流和沟通的可能

说一千道一万，外语还是用来和外国友人交流沟通的。如果你

广交外国朋友，并和他们说外语，那你自然会拥有不错的语言环境。需要提醒的一点是，一般来说，你和外国朋友交流，他们一会说得比较简单，二会说得比你多，这样你其实没得到太多锻炼。

更有效率的方法是，你要主动去表达你对事物的看法。不怕犯错，勇于开口。如果你不知道怎么说，或是想知道关于一个事物地道的表达方式，你可以说"What would you say if you were me in this situation?"（你要是我，在这种情况下，你会怎么说呢？），他立刻就会明白，你是想要一个更好的表达方式了。如果每次交流你都能改善几个自己的表达，长此以往的质变可想而知。

四、养成时常用英语进行书面表达，并请专业母语人士修改的习惯

试问，想提高和保持专业外语水平的朋友们，有多少人没事会用外语进行写作呢？更重要的一点是，就算你在工作中经常用外语写作，你写的东西，被母语人士修改过吗？修改过的版本，你又重新研究过吗？中学时代老师说过一句"考后100分"，我觉得可以引用在此。

我个人在中学时代有拿英语记日记的习惯，也有一些跨省的"笔友"，也会时常"矫揉造作"一把，写一些"少年不知愁滋味"的酸文。我也会把自己的"得意佳作"拿给学校的外教修改，改完之后，我会把很多我喜欢的文章录成磁带，反复"孤芳自赏"，最终达到能"信口拈来"的程度。对于一些话题，能够做到随时随地用"书面语"的标准进行表达，是我当时将自己的书面表

达发挥到最大限度的一个经历。

另外的事情在前面提过，就是我从高二之后，参加了一些各个级别的英语演讲比赛。撰写演讲稿，修改演讲稿，是我课余时间做的另一件事。特别要说的是，每次外教或是外国朋友修改自己演讲稿的时候，我都坐在旁边，看着他们修改的整个过程。有时我会看着他们的眼神，揣摩他们的心理活动，推测他们看到我的文章的各种反应。在他们每提出一个修改意见时，我也会询问他们如此修改的原因，当然也会在看到精彩之处时拍案叫绝。

写作能力，是语言能力又一个非常重要的体现。多写、多改、多进步。

本章小结

所谓"学以致用"，我们一直在淡化"学"，而现在，到了把它按照职业化的标准"用"出去的时候了。其实外语职业化，并不是说每天纯使用外语，或者做着"跟且仅跟"外语有关的工作，毕竟，做译员的还是少数。而更多我想强调的是将"外语职业化"作为一种标准，让我们不仅会说外语，会玩外语，会用外语比赛，而且可以把外语镶上一层带有职业素养和工匠精神的金边。

我觉得自己从事外语相关的工作以来，最大的收获，就是在不同的领域遇见了不一样的自己。都说人生是作选择，而外语把我的人生变成了一道多选题，而对于每一个选择，我又可以给出脑洞大开的主观答案。外语为我开创出一个个全新天地，看似毫无关联的领域，被带给我一切的外语联系了起来。我从不敢说自己"一专多能"，但拥有外语，便拥有了一专多能的可能性。外语赋予我的一切，让我骄傲地体会到人生的精彩。

也许这些问题，正是你想问的

——外语学习有问必答

　　这些问题都是这些年我常被问及的。有的很具体，有的很普遍，而大部分都蛮有代表性的。有的问题是可以在本书之前内容中找到答案的，而有些问题的角度更为特殊，我决定把它们汇总于此，并统一作答。

　　还是那句话，这本书不教方法，只在我能力范围内给各位一个可供选择的方向。有些问题，是对于本书各个章节内容的有机补充；有些问题，是我们长期以来对外语的认识误区。反正问题有大有小，问题篇幅有长有短，我斗胆一一作了解释。不妨看看，也许这里面正好有你想问的呢。

　　Q：学外语，基础差怎么办？

　　A：首先我想反问，什么叫"基础好"？很多人在教育氛围很好的环境下学了很多年外语，能听懂一句话当中的几个单词，靠连猜带蒙了解说话者的意思，凭运气考过了职称考试，这叫基础好？这叫有基础？所以"基础"二字，在外语学习中可以称得上是最扯淡的一件事。一般意义上所讲的"基础好"与"基础差"，其实根本起不到任何决定性的作用。我说得再直白一点，因为"基础差"而拒绝起步，或是害怕起步，只是给了自己一个不想进步的借口。

所以，基础差，啥事没有。一张白纸，大胆开始。

Q：外语的发音怎么模仿？

A：首先，模仿能力因人而异，却可以通过努力来提高。

我用过最好的语音模仿工具叫"复读机"，我之所以在这里打上引号，是因为可能有些小读者根本就没见过复读机，但那却是一代人在"磁带时代"学习英语的标配。毋庸置疑，模仿是一定要细化到每一个句子、每一个单词、甚至每一个音节的，所以复读机的作用，就是能够不断地重复某一段音频，通过多次重复来刺激我们的听觉，让我们有更多的机会找准有声材料的发音。而且，复读机的"跟读对比"功能，能将我们随后跟读的声音和语料的原音依次播放出来，让我们在一次次的对比中找寻自己的声音同原声的差别，从而不断地尽可能让自己接近原音。这就是我在模仿发音阶段所使用的方法。土得掉渣，但是着实有效。持之以恒，你辨别不同声音的能力定会提高，外语发音也一定可以得到明显的改善。

其次，模仿对象一定要选择母语人士，但改善发音主要靠自己。如果有机会，也可以在国内学得好的外语学习者的帮助下提高。

重点提示：切勿过分迷信社会上一些宣扬发音的学习方法和所

谓发音教学专家和多少天"突破发音关"、多少天"发音速成"之类的说法，我非常"客气"地讲：都是骗人的！另外，就一种语言的模仿对象来说，该语言国家的官方有声媒体播音员就是该语言发音最标准的人，所以模仿他们，一定没错。再有，在现在的大环境下最好不要随意模仿中国人的外语，他只要不是在母语环境中"熏"出来的外语，都不是最好的模仿对象。当然，我也见过在国内生生把外语模仿到和母语人士发音相差无几的人（比如我就是其中之一。哈哈哈，就是这么不要脸……）。但是就算是这样的人，也不一定能百分百教好你如何模仿发音，因为好学生不一定是好老师，但好老师之前一定是好学生。提高自己的甄别能力，也是在一定阶段下进行有效提升的必要条件。

对于没有在英语母语国家长期生活过的学生，英语发音一定可以通过模仿，变得更漂亮更纯正。语音只有一条路可走，那就是模仿母语人士的发音。不断地听，长期地听，永不疲惫地模仿。语言学习一定不存在捷径，但如果有，模仿发音，就算是最大的捷径吧。

Q：如何选择模仿材料？学英音还是学美音？

A：好问题。然而回答起来很简单：看你想干嘛。总体来讲，定了学哪种口音后，就用当地的电视广播节目，用上一个回答中的方法进行模仿。

英式英语还是美式英语，不是哪个更流行，哪个更好听，哪个更合适，哪个更通用的问题。模仿英音还是模仿美音，完全按你自己的感觉来，自己觉得更加喜欢哪种，就去模仿哪种，当然你可以两种都模仿，只要别混着说就行。英美混合英语还不如纯中式呢。

Q：怎么记单词？

A：其实"记单词"有太多的方法，因人而异。我个人甚至不太推崇"背单词"这种说法，因为它给了我们对外语学习一个太大的误区。详见本书第一章"单词不用背"一节。

Q：如何把很多躺在字典中的、平时不怎么用到和见到的词汇，转化为头脑中的活跃词汇？

A：好了，如果你直接问"怎么记单词"，我就给你推荐之前"单词不用背"一节来阅读。但是如果像这种问法，我就要细致地说一说了，因为有的聊。

这个问题我觉得和"背单词"大体是同一个解决办法，当然因为需要"背"的是一些不常见的词汇，所以我觉得，要有针对性地选择方法攻克。个人还是建议，将这个单词造句，用活生生的句子带动单词的使用感，将单词用句子作为载体，当然，不活跃的单词造出来的句子可能不会生活化，但一定带有情境。此时这个过程一定要有足够的带入感，其实说白了，要会"YY"。想象你就是这个句子中的主语或宾语，想象这句话的情境就发生在你自己身上。比如：

hazardous：这个词多用于"危险的、有害的"之意，但也有"冒险的、有潜在危险的"的意味。所以我们可以用这个例句来帮忙："You know, forecasting has become a very hazardous business so

I don't want to commit myself too much. ",你知道不,预言这个东西可是有潜在风险的,我可不想老干这事呢。请问,你想象一下自己在跟一个咨询她和她新男友能否长期相处的朋友聊天,然后想象自己对她说出这句话,你觉得会记不住hazardous什么意思吗?

另外,还有一种江湖流传的我并不太熟悉的"词根"或"前后缀"记忆法。我从未用过,但是会用的人,我很是佩服。之前咨询过一位身边名叫Kris Yu的外语大神关于两个单词的记忆,特分享如下:

sanctify:"sanc-"这个前缀很多时候表示"圣"这个意味;而"...fy"结尾的动词大都是"……化"之意,所以,这个词就是"使……神圣化"之意。这个词我个人是从Tim McGraw的*My Old Friend*这首歌中看到的,那句歌词是"My old friend, I recall the times we had hanging on the wall, I wouldn't trade them for gold coz they laugh and they cry me, somehow sanctify me…"。那些与老友的照片,让我哭让我笑,甚至让我倍感神圣。所以,记住sanctify的意思了吧。

sanguine:这个词是"乐观的"的意思。而实际上,"sang-"这个部分在法语里跟有"血"有关。所以Kris Yu看到这个词首先想到的是"红扑扑的脸颊"。所以看起来很兴奋,很乐观,充满自信。有个从福布斯杂志看到的句子,"I'm not too sanguine about the direction of a post-Assad Syria."。我对于"后阿萨德时代"的叙利亚不甚乐观。请问,现在对于sanguine,有感觉了吗?

Q:词汇看得懂,但不会用怎么办?

A：这个问题其实关乎一个虚无缥缈但又被经常提及的概念——"词汇量"。

我根本不知道自己有多少词汇量。我个人不认为"词汇量"（我是说那个数字）在我同外语打交道的过程中有多大意义。我只知道自己从来没有在任何场合下用外语出现过交流障碍。当然，这并不代表我词汇量有多大，或是什么都听得懂什么都会说，我只是能用自己的方式准确向母语人士表达自己，同时在听不懂的时候发问用于消除障碍。

所以，我觉得，对于一般语言学习者来说，比"词汇量"更具有意义的是词汇的"使用量"。

那么，如何把自己词汇的"认识量"，更多地转化为"使用量"呢？

在遇到一个生词时，首先，将这个单词在英汉双解词典中查阅出来，用英语的解释来试着理解其意义，再用汉语解释来夯实记忆。其次，将字典中该词条下的例句通读若干遍。一个词语经常有不同的意思，如果有兴趣和能力，就把所有的例句都读一遍，直至能够复述出每一个带有该词汇的句子。再次，将这些例句找一个离自己生活或工作最近的，想象一下自己在说这句话的感觉，或是用这个词汇自己造个句子，说给母语人士听，请他们判断你是否用对了这个词。最后，每一个生词据说要用在七个不同的地方才能记住，所以，去找地方用吧。每一个生词这样处理之后，想忘掉都很困难。而不断进行这样习惯性的积累，慢慢也就不会出现"看得懂，说不出"的尴尬情况了。

Q：怎么练听力？

A：像"背单词"一样，我个人认为，不存在"练听力"这种说法。因为所谓"听力"，是你听觉的能力。你练听力，是因为耳朵不好使吗？这么说可能有点矫情，但我觉得这种说法容易让大家体会。

而传统意义上我们讲的"外语听力"，是跟你的口语直接挂钩的，也就是说，你会说，一定会听。所以，在外语学习中，一定不是通过听来提高听，而是通过加强口语而不断增加能够听懂的部分。所以，用正确的发音不断积累口语表达量，不断扩充自己能表达的范围与深度，才是"练听力"的最佳途径。

Q：口语怎么提高？

A：凡是问题，问得越大，越没法回答。"口语怎么提高"这种问题如果您是在没看我书之前问的，我建议您踏实下来认真看一下我的书，尤其是第一部分；如果您是在看完这本书后问出来的，您来找我退书款吧，我写得不够好。但是，我不敢保证不发微博说这事儿……

Q：四、六级怎么过？托福雅思怎么破？

A：外语考试这件事呢，我觉得需要分情况讨论。要看你是想在通过考试之后一蹦三尺高从此跟外语说拜拜，还是既想通过考试又想让自己的外语水平提高。我个人对于第一种的想法暂时还没有办法给出答案……而对于第二种，我觉得我们需要跳出考试，从夯实语言基础入手。

我能告诉你的方法是，突破某种外语考试，是应该在获得相对扎实的语言功底之后，再去通过做题，熟悉题感，找到各类试题的答题技巧和方法，从而在考试中获得自己满意的成绩。而至于那些答题方法，我真不是专家，但是市面上有非常多的考试类书籍，选择一两本研读一下，一定比我这个考试的门外汉讲得好太多。但是我想提醒一点的是，在没有基本的英语听、说、读、写、译的功夫做基础的前提下，去看考试方法的书，这些连"好高骛远"都谈不上，简直是建造"空中楼阁"。

自然地去靠"语感"做题，才是我们要达成的最终目标，这是最靠谱的出路，也是唯一能够让你同时完成"提升英语水平"和"获得考试高分"这两件事的途径。需要明确的一点是，"语感"做题法，绝对不是"蒙"答案，而是在和外语亲密到一定程度后，形成了下意识对语言的正确判断。而以这样的方式备考，才能做到自信心十足地坐在考场中，从容不迫地答题。

其实说实话，这个问题得看你到底怎么想的。比如说，要是压根儿只想过四级而不想学英语，那靠高中英语底子差不多能蒙过……要是想学好又想过，有个好方法是背诵作文范文。五篇不同题材，背到能跟人侃侃而谈的程度。谁试谁知道。

但是，托福和雅思以及GRE、GMAT、SAT、ACT等级别的考试，我认为答题技巧一定很重要，绝对值得准备。不过那是你和考试辅导班和备战参考书之间的事了。书籍推荐的话，也是超出了我能力范围的事儿。反正没有足够扎实的外语水平，技巧你连用都不会用的。

关于这个问题，也请参阅本书第一章"一般考试无需准备"一节。

Q：雅思和托福考试的口语部分怎么准备？

A：口语和口语考试，在某种程度上讲是两回事。个人建议先加强表达能力。咱们是专业的，拿出专业精神让自己的口语和书面表达能力提高到一个真正专业的水准。在这之后，去看看雅思的教科书，上上雅思的培训班，做做雅思的真题……还是那句话，外语真正好，考试不难吧。

Q：如何获得和提升对于外语的兴趣？

A：请翻到本书第二章仔细阅读一遍。

Q：学习外语没有毅力怎么办？

A：那就看本书第二章，提升兴趣。

Q：你喜欢读什么外语书？

A：我必须要说，我近几年看英语书少了。

看外语书，一是看语言，二是看内容。个人认为，如果把为外语而"读书"分为这两个过程，还算是个蛮不错的选择。这两种看书的过程，侧重点是不一样的，第一种侧重于关注书中的行文，在看书的过程中总想着学习和鉴赏书中的地道表达；第二种重在将精神关注于书的内容，表达的思想，只不过内容和思想都是通过阅读外语来获得的。而在实际情况下，我们不会把读书分得那么细，也不会说看一本书只关注语言或只关注内容，我只是说了两种不同的侧重点，而这两种方法也不可能在读书的过程中分得那么严格的。

外语原版的名著类读物，我认真看过的一本是《老人与海》。这本书是一位老师推荐我读的，后来我被书中Santiago（桑提亚哥）老人那无畏困难的勇气和乐观积极的精神所感染，也从整本书简洁明快的行文中学到了很多语言表达。在读的过程中我发现，自己会自动辨别什么时候该跟着情节走，什么时候该学个新表达。所以，我们也不妨让这两种读书方式相辅相成。

至于其他外语书，我喜欢浏览一些人物传记。但是我有一个从别人身上找自己的习惯，看着看着，就借鉴到自己身上来了。另外，我还算个《哈利·波特》迷，但是我承认书我看得不够认真，很多骨灰级"哈迷"所讲的各种暗藏玄机之处，我好多都没看出来。

Q：每次说英语的时候就感觉卡在某个单词上，怎么突破？

A：这是一个最传统、最典型的，"开不了口"的问题，就是我们俗称的"哑巴英语"。但其实解决起来特别简单，只要你不把外语学习"妖魔化"和"方法化"。从最简单、最感兴趣的领域入手，从最简单的口语入手，听语料、读语料、背语料、侃语料，多听、多读、多背、多说。坚持、坚持、再坚持。

明白了吧，没有方法。抓住一点，做下去，口语就能突破，哑巴英语问题就能迎刃而解。区分会的人和不会的人，就是前者直接去做了，后者一直在思考怎么做。

Q：外语的朗读可以，但是口语不行。想流利地表达自己所想比较困难。没有语言环境，没有练习搭档，口语班能学到的又很有限，怎么办？

A：语言环境的问题。我会说外语之前根本就没有外国朋友，身边也没有人跟我一起练。唯一能做的就是跟自己练。想象自己是自己的听众，借助复读机给自己挑错，假设你就是你朗读句子的主人公。很多时候，最简单最土鳖的方法就是最有效的。跟外语打交道的过程中，只要你想做，没有做不成的事。

Q：可以看懂一些比较难的外语文章，但是自己说和写的时候用词就很贫乏，不敢写不会写长句和难句，觉得自己真实外语水平体现不出来，也越来越没自信了。练习书面表达该怎么下手？

A：对于英语书面表达，最好的提高方法是多看原文。正所谓"熟读唐诗三百首，不会写诗也会吟"。想写出像样的文章，你就要先熟读甚至背诵几篇像样的文章。就这么下手，连脑子都不用动，马上开读，马上开背。五篇之后，给我微博留言，我会恭喜你找到自信了呢。

Q：交替传译和同声传译怎么练？

A：我曾经参加过交替传译和同声传译的培训，加上我当时课下还算比较用功，感觉收效不小。因为我比较懒，所以并没有在同传上太下功夫，只练习了交传。如果你想自己练，我觉得完全可以，可以从以下几个方法入手训练。

一、视译

简而言之，就是看着文字做口译。这是一种循序渐进的好方法，它将"听"的过程剥离出来，只训练"译"，可以减缓听译只有一遍捕捉原文的压力，更有针对性的训练翻译。除了专门的练习时间之外，可以养成"看到什么译什么"的习惯，慢慢你的反应越来越快，规划语序和转化大意的水平越来越高。这会为真正的交传打下一个非常好的基础。

二、笔记

在听译过程中，译员会用一种特殊的笔记记下讲话者的语言。这种笔记是用一些特殊符号记下话语的梗概和句子间逻辑关系，以辅助头脑对语料的直接记忆。关于笔记训练有很多书籍，可自我训练，但是从我本人当时在培训班的学习过程中发现，老师带着练上手更快，学到手的笔记更加系统。有了熟练运用笔记的本事，做起口译来可谓"下笔有神，口若悬河"。

三、听译

这是真正口译现场的模拟。也就是听完一段录音，你就得马上翻译出录音的内容。怎么说呢，这是一个完全靠自律的训练，练了多少"磁带小时"，看你自己一张嘴的感觉就知道了。在有了上述基本练习后，进行大量的不同领域材料的听译训练，是成为一名合格译员的基本要求。

四、实战

我个人有过几次会议交传的经历，我只能说，实战和练习完全是两回事，实战有着更多的压力，需要的是更大的勇气和应变能力，而这些素质是不可能对着磁带闭门造车就能获得的。所以如果有机会，你可以去尝试担当这个口译员的角色。要知道，这样的一次经历，甚至可能比你练习一个月长进都多。但是，如果没有不间断的长时间的台下训练，是根本不可能有胆量坐在会场上的。实战是训练最好的检验，是成为优秀译员之路上的催化剂。

口译是一项辛苦的工作，不能靠蛮干或小聪明去撞大运或滥用机会，没有踏实严谨的态度，不可能练好口译。

Q：阿拉伯语打不过语法怎么办？老师说学不好语法你就碰不得阿拉伯语大门。

A：干吗要打过语法？不打就行了。看你要什么，要没用的语法成绩，还是要有用的口语经历。不过在你有了足够的经历后，语法不战而败了。

语法不是干学出来的，是进入阿拉伯语大门后慢慢体会出来的。先积累语言要素，出声朗读大量阿拉伯语原文，想着意思，最好能达到背诵的程度。语法根本不用学，单学了也白学。

Q：我是英语专业大二学生，"二外"选的日语，以后想从事翻译类的工作。但是家人都说这条路太窄了，以后不好就业，其实我也有这种担忧，但就是比较向往这个就业方向，也不想随意改变目标。家人鼓励我参加法学自学考试，我担心自己精力有限、能力不够，最后弄的什么都学不好，所以好纠结……能不能给点建议？

A：我之所以把这位同学的这个问题原封不动地搬过来，是因为这代表一种极具普遍性的情况，我觉得，可以把这种情况叫作"阶段性选择焦虑症"。

不要用专业去主动框住自己的眼界和世界，事在人为。别人的意见永远是别人的，不要给自己划定人生坐标，跟随你的意愿。专业不是你的桎梏，而是你的优势。成功之路是：你成功后，回头看，你走过的路，即为成功之路。

Q：学习英语总想找源头去了解以英语为母语的人，了解他们的思维所形成的方式，而国内资源远远不够，有些国内教学用法还是不够到位，请问有没有相关资源呢？

A：很深刻的问题，这快属于研究范畴了。世界上有很多没有国界的图书馆，去找找看！我个人还没有研究这么深，还没有到追根溯源的境界，所以没有现成资源提供。不过不要让现状限制你的行动，学外语，心诚则灵。

Q：自己的英语水平为六级，最近正在啃一本英语原著，可太多不认识的单词了，边查边读实在是很崩溃，怎样才能更好地读完生词量太大的英语原著呢？求解。

A：不要为了读而读，兴趣为重。另外，改变用级别衡量自己英语水平的习惯，你用英语干了什么，才是你的水平。

Q：越往上学，好多词汇只能是见过、认识，阅读没问题。但是实际运用中，总感觉用不出来，就以一些简单的基础词汇带过了。发音不错，可是有时说出的句子特别不地道。可以让语法正确的话，就不地道。想地道，又感觉找不到词，怎么破？

A：好问题，我对此深有体会。当看到"高级词汇"时，把它当场拿来用，在最短时间内尽可能多地造句、使用，哪怕是胡说。让这个意象在脑中不断重复，直到实现正常反射。

Q：总感觉我们学习英语就是为了做对题，一篇文章遇到一千个读者，却只有一个Hamlet（哈姆雷特）。

A：这个问题的描述略显片面，却有些道理。实际上，这个问题戳到了我的一个痛处，就是我永远都无法站在出题者的角度去推测答案，这就导致每次英语考试的阅读理解部分，我总是会做错关于"Which of the following statement is correct according to the auther"的题目……怎么说呢，这种题目毕竟在英语考试中是少数，如果你的英语足够好，考试通过是没有问题的，不是事儿。

Q：你同意语言最好只作为一种工具，而不是学习的主体对象吗？我喜欢的就是各种语言本身，它们对我来说都有韵律和不同特点。真心想在外国文学这个领域发展，个人觉得语言工具论的观点实际是对语言地位的一种贬低。

A：这个问题恰恰就是我写本书的目的！整本书的观点都在反驳"语言工具论"。语言对于不同人有不同的作用，每个人的看法不一样，每个人都有自己的理由去与语言打交道。语言对于我就远远超出了工具的作用，是一种爱好、追求、消遣、研究。"I have been making friends with languages in different aspects."。我也正希望这本书可以给读者朋友们提供我看外语的多维度视角，我的看法一定不是唯一或最佳选择，然而我愿意把与外语的一个个故事和大家分享，每一个故事都是一种可能。

Q：背诵英语，背着背着就烦了，怎么办？怎么才能激起对它真正的热爱？

A：兴趣永远是最好的老师，油然而生的热爱才是做事最大的动力。详见本书第一章关于"再谈兴趣"一节。

Q：英语分数可以考得很高，不会交流，没有实际应用能力，怎么破？为什么学了这么多年英语，依然不会用？

A：这类问题太容易回答了。因为在学校学的过程中就没让我们实际运用过，老师也没教我们怎么用啊。详情与解决办法，请参见本书第五章关于"教、学、考、用和社会需求的脱节现象"一节。

Q：央视招实习生都招传媒大学的吗？想去央视实习需要什么

条件呢？

A：央视作为电视媒体，传媒大学学生肯定是相对更有竞争力的，但肯定不都是啊。比如央视五个外语国际频道，肯定是欢迎外语专业的同学来实习的。关于实习生招聘，我们频道是和各个学校联系的，恐怕还是要通过学校和系里来运作此事吧。我个人认为，如果你真的足够优秀，优秀的地方会请你来的。

另外，现在央视各外语频道都在办各种语言大赛，这就是个好机会。有时候我们也不一定非要数一数二的，我们或许也看谁更招人喜欢，你先过来混个脸熟呗。

Q：外语专业等于没专业？

A：这的确是一种说法。从某种角度说，有一定的道理，不过这是仅从外语的工具性出发而得出的结论。其实外语专业能给我们的，远远不只外语本身。更多详情，请参见"致外语专业者"一章"外语专业能够带给我们什么"一节。

Q：外语专业的职业目标该怎么确定？女生好找工作吗？

A：我觉得一个人职业目标的确定是随着年龄的增长而变化的。我们这一代往后的人，早已过了父辈那种捧个铁饭碗一吃吃一辈子的时代。所以在大学阶段和毕业之初所确定的那个职业目标，很有可能会随着你从业之后的经历和成长而改变。所以，第一份工作，第一个职业目标，我觉得应该跟随着你内心深处的声音走，同时考虑"大环境"和"硬指标"对个人成长的推动意义。一份工作，如果你连兴趣都没有，你又不得不选择它，那它势必会给你带来你想要的其他方面的东西，正所谓"上当者，必有所图"，虽然这么说不太恰当吧。你可以作出你不喜欢的选择，但是要给你自己时限，允许自己在这个不是自己兴趣点的职业上，走多深、走多远、走多久。而一份爱不释手的工作可能暂时不会有太多普遍意义上的好待遇，但你不妨把它当作一次职业目标的试水，给自己一到两年的时间在一个领域初探，也许这让你同时放弃了可以带来优厚待遇的其他选择，但你也可能会在职业发展之路上不远处的驿站经历"柳暗花明又一村"。选我所爱，爱我所选，生活很简单，工作只是它的一部分。你可以是个工作狂，只要你能在其中找到乐趣，让你的生命之舟扬帆起航。

Q：想成为外语主持人或双语主持人需要具备哪些条件？从高中开始要怎么进行准备？

A：很开心在这本关于"外语"的书籍里被问到和提到有关主持的话题。没错，我是因外语而喜爱上主持的。外语主持，也无疑是基于外语水平足够优秀的一个职业。关于这个问题，可以详读一下本书第五章"致外语准从业者"，然而，永远记住的一点还是那句话：任何人的路，均不具备绝对的复制价值。看看，有所思考就好。

诚然，主持人是一个对综合素质要求很高的角色。三观正、双商高、一专多能、魅力爆棚，都是"演"好这个角色的必要条件。主持人是用语言和思维影响别人的人，你自己首先得想明白，得说得对，得让别人愿意听，还得让别人喜欢听。你琢磨琢磨，上述这些素质都得有吧。

那么外语主持人就多了一层文化内涵和外衣，所谓多了一个维度的内外兼修。外语不仅得好，而且要好到有魅力，好到presentable，甚至好到sexy。要足够了解对象国文化，大到历史传统，小到风俗习惯。需要永远记住的一点是，对于人文科学的一切"准备"，均无"过量"与否和"是否有用"之说，主持人尤甚。

"Try to learn something about everything and everything about something."。又一次，没毛病。

在回答完以上所有问题之后，我想重申一下这本书想给各位传达的理念：

别把外语学术化、复杂化、妖魔化。它是一个好帮手，好朋友，善待它。

跟它好好玩、好好处，而它会反馈给你想要的一切。

有的人说从这首歌中看到了自己
——原创歌曲*Not A Rapper* 歌词赏析

几年前，一段名为"宅男一枚·斗胆翻唱*Love the Way You Lie*"的视频在网络蹿红。

这段视频是我在被发小忽悠后，于2011年3月19日发布的。与绝大多数用恶搞博眼球求点击量的网络视频不同，这段视频中，发小把我定位在了一个瘦弱的宅男学霸形象，单靠一条舌头两片嘴唇以坐姿完成了饶舌大神Eminem神曲的翻唱，我无意中表现出米的动作、神态和语言风格，竟成功地"骗"取了几百万的点击量。

网络的一时走红，必然带来正负两面的社会评价。有人称我为"淡定饶舌哥"，有人则说我"装腔作势"，还有各种节目邀请我去参加，我哭笑不得。自己是一名外语爱好者，和饶舌歌手相距甚远；自己是一名电视主持人，与艺人身份大相径庭。对此，第二

---

* 编者注：安可是 encore 的音译词，意为返场加演。

年，我用一首原创的英语说唱《不是饶舌哥》（*Not A Rapper*）来介绍了自己，并表达了对RAP这种表演形式的个人态度。

这是我个人尝试的第一首原创歌曲，也是第一首英语说唱。其实我从小接触英语，但没去过任何英语国家，但又不知道为什么，觉得英语能更好地表达自己，所以用英语写了这首歌。而实际上，我斗胆用一首饶舌歌曲宣称自己不是饶舌歌手，你不觉得颇有意味吗？

其实，我不是一个词作者，我是按照"演讲稿+押韵"的标准，写了这篇文而已……

NOT A RAPPER 不是饶舌哥

Gari / in association with Alphonso Cesar

Christophe & Christy Wong

词：张博Gari

曲：王楠Christy

制作人：张博Gari

编曲：王楠Christy & 张博Gari

钢琴/和声编写：王楠Christy

混音/演唱：张博Gari

- Since I was a child,
- I've been dreaming to perform this kind of music style. But as days go by, I'm gradually losing this desire of the prime time of my life.
- Tonight, after rounds of inner fight,

- I finally made up my mind to give it a try.

  从小我一直梦想能做这样的音乐表演。

  时过境迁，现在已经没那么想实现少年时代的那个心愿。

  不过今晚，在我改变主意之前，还是决定再次斗胆现眼。

我特意用比较简单的表达开了头。一来表达自己对说唱这种音乐形式的喜爱与向往，二来表现对于初次涉足音乐世界的些许慌张。这也预示着，整首歌曲是带有矛盾意味的。不是Rapper，却用RAP写歌；有表现欲望，却又只想在自己的世界歌唱。

【VERSE 1】

When I was 5, that was a period of time

when I was a little quiet

当我五岁的时候，那时的我还很安静

I seldom talked even so lost in novels every night

每晚小说看个没够，也不怎么出声

Until mom bought me a book, I was profoundly hooked

直到妈妈买了本书，深深被吸引住

Didn't know what it really was,

only followed what the tape embodied

根本不知那是何物，只是一味跟随那盘磁带重复

这是一首英语歌，所以主歌的前几句，是一定要从我和外语结

缘开始的。小时候的我，的确是一个内向安静的人，经常是自己把一摞摞的书翻了一遍又一遍。就是五岁那年的那本《玛泽的故事》英语教学连环画，决定了我的一生。没有目标，只有单纯的兴趣，每天听那根本听不懂的磁带变成了我最喜欢做的事情。

对于押韵，我是这么想的。因为我真的不知道怎么去押韵，或者说没有研究过练习过什么押韵的技巧，我只是先写出第一句话，然后把后面的话尽量去找押韵的单词去说而已。所以我真的不是饶舌歌手，只是凑了几个字而已。而至于换韵，也是觉得押不下去了，才换个韵押。

Then I knew what I learned was English,

which is a foreign language

后来知道这叫英语，原来学了一门外国鸟语

That flows off the tongue;

my words started to flow over my own lips

它能从我的舌面滑过，妙语连珠从嘴唇掉落

Then it became my weapon, so

I began to forge a confidence, so sublime

它变成了我的武器，培养了我崇高的自信

Though I did bad in Math, I'm proud of my Chinese accent

虽然我的数学不好，但以自己的中式英语自豪

没错，我就是这么"稀里糊涂"地接触了外语，并享受着和它

交流的种种快感。而爱上它，是因为它在各种场合给足了我面子，让我从一个在课堂站起就面红耳赤的孩子，变成了举手抢答问题的"人来疯"。它让我慢慢懂得了一技之长的重要性，自信的大厦越建越高。

Coz I learned English in China emulating Voice of America

因为我一直在中国学习，模仿的"美国之音"

Never been to America, only stayed a year in Africa

从来没去过美国，只在非洲有一年生活

But I aced the test; spoke for the best,

made choices without looking at the rest

但我考试分最高，说得是最好，

做选择题的时候根本不用思考

Examination, speaking competition,

every presentation, what a revolution

考试测验，演讲比赛，每一次登台，都脱胎换骨

这几句几乎是写实。我还记得在中学时代，无意中发现自己的高大上收音机竟能听到VOA广播。这让家里没有电脑，几乎没上过网的我如获至宝。我赶紧用另一台录音机把这声音录了下来，反复聆听，再用复读机模仿跟读，直到自己的语音甚至声音都接近美国播音员。而英语考试的好成绩竟然也不期而至，这也让我不断意识到了口语好对于分数高的决定性作用。而后来参加英语比赛的经历，有一种世界

由此被点亮的感觉。多次登台演说的景象是我思想一次次革命的过程，其实也想通过此文，表达一次次幸运之神眷顾之后的感激，同时自勉共勉，让每一次的闪耀，转变为步履不停的动力。

Enough for the past, now I do not rely on that

说太多过去没用，好汉不提当年勇

What matters now is how this man

smashes you with his new rap

重要的是现在你被震撼，我用饶舌给你们好看

I don't know how to choose my cap,

nor do I wear kind of baggy pants

我不懂怎么戴帽子，我也不穿大肥裤子

All I got is this pair of glasses and all I wanna say is that:

戴个小眼镜就是我的样子，听我唱这首曲子

好了，不是被人扣了"RAPPER"的帽子么，我只好用RAP来反驳了。明明是一个文弱书生，不会打扮成所谓的嘻哈风格，不会作出多么嘻哈的手势，不懂得什么地上、地下的种种分类，干吗做闹腾的说唱歌手，伤到花花草草多不好啊……

【CHORUS】

If you call me a rapper, I'll tell you no

如果你叫我饶舌哥，我要对你说"错"

But I can rap better, than you've already known

但我要饶起舌来可比你想象的知道的好很多

My temper's not gonna be always under sound control

我的脾气一直在控制，若要爆发也不受控制

You better watch your mouth before I lose it

and jump down your throat

你要是胡说，我绝不啰唆，骂到你噎住，千万别怪我

If you call me a rapper, I'll tell you no

如果你叫我饶舌哥，我要对你说"错"

Sometimes like nothing better than to stay at home

有时其实不想出门，窝在家里做宅男一个

I am not a figure coming from a reality show

我也不是从什么乱七八糟达人秀走出来的

Just a singer and a rocker in a world of my own

只想在自己的世界精彩过活，顺便唱首歌

In a world of my own

唱首歌怎么了

副歌部分，最后统一说。

【VERSE 2】

Welcome back, life is not always easy, it's bumpy

现在继续，前进的道路弯弯曲曲，生活不易

The more I study,

I find what I learn is becoming so damn annoying

一直在学习，可是越学越觉得想放弃

Even so, I chose to go with the flow, though I was alone

即使难受，我也跟上节奏，虽然我在孤身奋斗

Even though, some schoolmates hated me really got my goat

不随大流，同学都非常恨我，他们的话曾把我伤透

第二段开始讲述那"不堪回首"的过去。记得小学时代，周围有很多同学觉得我的英语和他们说的不一样，跟老师说的也不一样。所以他们在我发言的时候笑话我，觉得我是另类。

在语言方面，我在这首歌并没有刻意设计任何文字上的噱头（这是我在写这篇文的时候才意识到的，因为我本想在文字方面做点赏析，发现竟然根本没有任何故意的设计），所以这首歌也算是"Go with the flow"的一种体现吧！

They called me insane sometimes I felt so ashamed

他们都说我疯了，说的我有时无地自容了

And all my clever thoughts perfunctorily went down the drain

说的我的聪明才智全体不情愿地变成地沟油了

But I was not afraid, they're saying: no pain no gain

但我发现自己并不懦弱，他们都说不劳无获

To get ahead you gotta have your way, no matter how hard it takes

出人头地要自由地生活，但不能说努力已很多

其实在小学时代身边多数同学的不理解，并不是我走过的唯一主要逆境。其实在每一段学习生涯中，我和周围格格不入的外语学习方式和外语本身，都不断地被质疑，有时候这些话语甚至让我丢掉了靠外语得来的自信。但是我不断地遇到催化剂，在一次次的化学反应中让自己的努力生成足够多的成就感。这些成就感支持着自己，攀过了一个又一个高峰。

Until I realize a dream post this cheek on TV

直到我实现了梦想，这张脸出现在了电视上

But how could I possibly let me be

an anchor anybody hardly sees?

但我有个疑问：怎么做了个没人看的主持人？

Does grab the MIC; pretend to strive,

and shrug every time broadcast live

确实拿着麦，假装是棵菜，每次直播其实心里感到很无奈

What they overhear is fucking right, that's the one you love his lie!

那位说得对，你终于认出来，

这位唱过 *Love the Way You Lie*

终于，我实现了大学时将"电视""外语""主持"三者结合的职业梦想，走上了外语职业化的道路。但是同时我愿意自嘲是"非著名主持人"，这里就有些夸张了，我珍惜还珍惜不来的职业，加入后两句的感情色彩，是为了迎合此歌曲作为说唱作品的整体气氛。

Tired of some lying with disgrace,

厌倦了一些不懂事的人儿

Having no sense of respect on what you say, without a brain,

你们说话从不经过脑仁儿

Guess you were born yesterday, you born this way,

you don't deserve a name,

猜你们出生就是这样的人儿，不配叫人名儿

Get outta my face get outta my way,

when I am rapping you better pray! I say

别在这挡道儿，那边凉快儿，赶快去膜拜，我在说词儿

　　能写出这一段来呢，是因为我之前对网络世界了解甚少。而自从"触网"后呢，对虚拟世界的玩法略知一二，也习惯了网络喷子的惯用伎俩。所以这段词是献给他们的，现在看起来，有些肤浅。其实网络上的智商、情商缺失者，分好几种：有纯对社会、现实不满，只能在网上找存在感的；有纯脑残竟然把我写的东西和世界级大神比较，告诉我哪里还和Eminem差得远的；也有懂些东西的批评家，自己做不出东西但可以挑出你的一堆毛病"乐于助人、好为人师"的；也有自己从事同样行业，却无法出头靠贴一下你火了的东西寻求出路的。

　　不知道是谁说过，相当数量的中国网民是一个相对的"三低"人群——低文化、低素质、低智商。我起初不以为然，也不敢苟同，后来觉得不无道理。

而为什么是网民呢？网民不露脸，不露身份。网民可以肆意地对任何事件、人物，不负责任地指指点点、批评谩骂，发泄自己在现实中不可能说出的话和想表达的态度，甚至对他人进行人身攻击。这倒是可以理解，现实中的失败者，肯定是想在虚拟世界中找存在感的。这样的网民，其实不该叫网民，而应该叫网络暴民。他们不是针对谁，而是只能在见不得光的地方，靠评论他人生存。我们管不了，也无需在意。

其实在现在的互联网时代，每个公民都是网民。所以网民不分身份，不分职业，只要我有社交账号，就可以给任何人讲话，也可以黑到任何想黑的人。

而即便不在狭义的互联网，人际关系交织在一起的各种圈子，也是我们生活于此的一张大网。你和别人交流对某个人的感受，都能传到这个人的耳朵里。

高人与次品的区别在于：真正的高人都很谦虚，地位越高越谦逊，说话做事越讲究。真正的大师只专注于其专业研究本身，从不靠攻击他人证明自己，也不好为人师。他们认为创造出优质的作品才是自己的追求与方向，也是对跳梁小丑最大的藐视与反击。比证明自己强大更有价值的，是懂得欣赏与尊重。高人或庸人，一语便知。

想跟我比？善意的切磋，我很乐意并欢迎。如果是恶意叫嚣，想通过把我踩下去的方式证明自己，当你挺厉害而又有这个想法的时候，已经输了。因为真正厉害的人怎么会那么在乎比自己差的人，牛人才不会和跟自己差的人比呢。老想着比的，都是没自信的。

而世上一大无聊事，就是向一辈子都不可能达到你十分之一甚至百千万分之一生活水平和思维高度却还骂你的人证明你有多成功。

真正的牛人，是压根不觉得自己有多牛的人。真正的庸人，也是根本意识不到自己有多差的人。我既知道自己有多差，又知道自己很牛，所以我离这两种人都有点差距。但是，每当我知道自己一直影响着一部分人的时候，那种欣慰，难以言表。

我不是成功人士，我只是成功地做了点事。但你若用狭隘的嫉妒给我极端的肯定，我只会用鄙视的微笑作出善意的回应。

你就是你，别跟我比。我会得多，你会输的。

嘻哈的精神，其实是"Battle后的Respect"，懂的人，自然懂。

【VERSE 3】

Till now I find the lyric I write has been superficial, so what?

刚发现写的都是表象，那又怎样？

These words, I learned long time ago at primary school

早在小学的时候就有很大词汇量

Where a teacher called me nerd, I guess it's better than jerk

但是老师叫我"傻蛋"，我想总好过"浑蛋"

I play everything by ear, no matter for better or worse

再难的事都随性办，不管结果是好还是烂

That's me, this time you almost understand and know me

这就是我，你刚刚了解的这货

But let me tell you an important thing, what? My name is Gari

让我告诉你我的名字叫张博，英语名叫Gari

It's a name a Mr. Wei gave me when I was still nobody

有个魏老师给我起的名很给力，我没什么名气

Gimme A Rhyme, G-A-R-I, I don't wanna lose it

但你给我韵律，我就可以一直继续

Sorry your time's wasted;

I didn't notice it's already been 3 minutes

抱歉，浪费了您的时间，没注意秒针已转了三圈

Since the rap formally started;

I guess it's time to end it, Yet it seems not so easy

从开始到现在，到即将结束的状态

My fans come back they wanna see a geek like me speak so fast

可是我的观众都已经到来

他们想看这个书呆讲得这么快

So one more paragraph,

for those who nod your head, clap your hands

所以最后一段，谢谢你们点头称赞，把手拍烂

Wave your flag; I know it's a stupid rap

摇旗呐喊，我知道我说得一般

But you just keep on listening, that's why I keep on speaking

但你们一直听着，所以我一直说着

Feel life is so amazing, but I gotta tell you one more thing

感觉生活还是美好的，可有个事我还得啰唆

最后这一段，我基本上是半个小时写完的。依然没有设计，没有刻意，当时只是傻傻地幻想着自己什么时候可以在舞台上唱出这首歌，说出自己的心声。

特别感谢那位"Mr Wei"魏鑫老师！他给我取了Gari这个名字，也是教我最久的英语课外班老师。

【CHORUS】

If you call me a rapper, I'll tell you no

如果你叫我饶舌哥，我要对你说"错"

But I can rap better, than you've already known

但我要饶起舌来可比你想象的知道的好很多

My temper's not gonna be always under sound control

我的脾气一直在控制，若要爆发也不受控制

You better watch your mouth before I lose it

and jump down your throat

你要是胡说，我绝不啰唆，骂到你噎住，千万别怪我

If you call me a rapper, I'll tell you no

如果你叫我饶舌哥，我要对你说"错"

Sometimes like nothing better than to stay at home

有时其实不想出门，窝在家里做宅男一个

I am not a figure coming from a reality show

我也不是从什么乱七八糟达人秀走出来的

Just a singer and a rocker in a world of my own

只想在自己的世界精彩过活，顺便唱首歌

In a world of my own

唱首歌怎么了

Sorry but I am Not A Rapper

抱歉，我不是饶舌哥

副歌部分，点明主题。每一句话都是我最想通过这首歌传达出来的信息。我的身份和Rapper半毛钱关系都没有，但是我愿意用RAP这种形式去表达自己的想法，并且十分清楚自己的水平。但由于我并不是嘻哈狂热者，对嘻哈文化也只了解些皮毛，所以实在不知道怎么更Hiphop，也不希望在形式和外在上去追求所谓的Hiphop感。我也绝不是所谓科班出身的英语学习者，我只希望用自己最擅长的语言写作，让自我真切的感觉传达出脑中的一个个想法，口中的一个个动作。我只想出首歌，图个乐呵。

【END】

对于这首歌，我必须点名感谢一个人，我的大学同学，王楠。她在为我写这首歌的曲子之前，没有听全过任何一首说唱歌曲。而就是这种"连交流都很是困难"的合作关系，造就了这一首我最珍惜的歌曲。

个人认为，在中国，说唱，尤其是英语说唱，需要有一定品味和品位的人士才能把玩欣赏。

这首歌在微博发布后，收到了近万条评论。有些给我冠以极高的赞誉，我受宠若惊。还是那句话，这首歌就是为了让自己甩掉所谓Rapper的称呼，所以有关Rapper的任何名号，一没自封，二不接受。歌名把主题表达得不能再直接不能再清楚："I am Not A Rapper"。当然一个嘻哈圈外的外语工作者的文字小游戏能让圈内有些认可，也算给我吃了个定心丸，看来它的确达到了一定的水平。另外让我非常震惊的是，竟然有人因为这首歌喜欢上了英语，喜欢上了英语说唱，喜欢上了我。有一个评价，我印象最深，"听起来像一杯醇香的苦咖啡，听哭了"。我觉得，任何歌曲，能让一个人听到感动，听出动力，我就没白做。

如果你想听*Not A Rapper*这首歌，请扫描封底个人微信公众号二维码，发送"NAR"，获取音频、视频。

据说只有1%的人能看完

——原创歌曲*Game* 歌词赏析

之所以要推出这个所谓的"赏析"，原因如下：

一、如果您认识我，但没听过我的这首歌，我得说，对我，还可以通过这首歌来更全面地认识一下嘛。

二、如果您不认识我，又对我感点兴趣，那必须向您推荐这首歌，歌词基本是我的文字版缩影和我此刻想说的话。

三、我作为这首歌的词作者&编曲者&演唱者，在这些年中对她表示过喜爱欣赏和支持的朋友们，对歌词作一个负责的详尽解释，以表达对这些朋友们的足够尊重。

Game是我的第二首原创RAP，于2013年10月21日在我个人微博首发。

Game这个歌名有两个意思，一意为"游戏"，指音乐对于我来说是一个用来乐享人生的游戏；二可作"比赛"来解释，我的生活充满竞技感，而生活客观存在各种无奈，表达身心突破万难和不断突破自我的意愿。第一段实为一段艺术化的自我介绍，介绍了鄙人的外表、专长、职业，以及充满竞技感的人生。第二段笔锋一转，挖掘出深层的梦想，并与无情的现实进行比较，同时揭示人际关系的复杂和自己难言的无奈。纵然如此，仍坚定前行。第三段感情再次爆发，释放跨界创作的豪气，总结走过的艰辛，并表达对舞台的深沉迷恋。副歌部分表达直接明了，直抒胸臆，保持个性，游戏人生，却态度诚恳，步伐笃定。

歌词交织着暗淡与辉煌，挖掘出深埋的梦想，表达了玩世不恭的随性态度。曲子将说唱乐、交响乐、新世纪音乐大胆结合，大气恢宏，霸气十足。不过，这首歌就是个《游戏》，生活的调剂，玩玩而已。

值得一提的是，我在路上想到用弦乐+钢琴+复古鼓点的配置作为这首歌的Beat，然后用完全无法理解的语言和我的御用作曲师王楠Christy说了一下，她当晚就回复了我想要的一切，大恩不言谢。

我们来看看歌词吧。为了更好地让各位看懂，我把它按同样押韵的标准，试译成了汉语。

GAME

Gari / in association with Alphonso Cesar Christophe & Christy Wong

Music by Christy Wong / Gari

游戏

词：张博Gari

曲：王楠Christy

编曲：张博Gari / 王楠Christy

注意到那个非常长的外国名字了吗？这是个中国人，叫马晨，我的"御用"审稿。

【INTRO】

Welcome to Gari's Musical Dream World

欢迎来到张博Gari的音乐梦工厂

I love this stage coz it's a place where I'm able to free my mind

我爱这个地方，它能自由我的思想

Every moment I step on it, I strongly sense that my body is turned on

每当身处台上，感觉身体全速开启，充满能量

I can't figure out why I'm doing this, it just feels like a fascinating game, you know, I do it, because I do love it

不计后果，不知目的，这就是一个令人着迷的游戏

It's hard to tell, but it's not if I start with myself

不知为何，很难诉说，但我可以试着从我自己说起

前奏一进来的介绍部分没有使用过多的押韵，旨在平实地告诉听众，这是作者自己全情投入的一场游戏。

【VERSE 1】

第一段基本上是一个自我介绍。外表、特长、职业、奖项，寥寥几句，概括数年。押韵方面有一些炫技的嫌疑，所以此段，一句

句来细说。

- My name is Gari; I guess my face ain't too scary

  Gari是我的名字，脸还不至于把你吓死

歌曲以作者的英语名字Gari正式开始介绍，同时也决定了本段[æ]+[ɪ]或[e]+[ɪ]的双尾韵。

- I might resemble the rat with the cat, yet that's not me but the mouse Jerry

  你说我像《猫和老鼠》的鼠？我可不是那只耗子

"Jerry""小老鼠""精灵鼠小弟"等都曾经是作者的绰号，所以第二句以此自嘲。

同时，"大小[e][æ]"音重复以不同速度不同节奏交替出现，让歌词的演绎更加悦耳动听。

- My body ain't heavy but it moves fast and steadily

  我行动矫健，身轻如燕；嘴巴两片，妙语珠连

把瘦弱的身材和强有力的"口活"功夫作对比。

歌词故意写得合乎语法，动词、副词都用正确的格位和形式，旨在塑造一个书呆子的形象。

- Yet my mouth is always ready to fire words like a locked and loaded MG

  好似上膛的机关枪，看情况喷你个毫无颜面

这句是歌曲开始以来速度最快的一句，目的在于将上句刚刚塑造的书呆子形象瞬间打破，从而华丽变身，并引出下文。

其中"Like-a""lock and"特意选择了说出来有拟声效果的单

词组合，模拟子弹上膛的感觉；"MG"=Machine Gun，使用缩写，纯为押韵。

- Chinglish and Garabic; I speak my labeled languages

  不管是"中式英语"，还是"阿拉'博'语"

Chinglish=Chinese English；同理，Garabic就是Gari's Arabic，来自团队高超创意。

这句是半自嘲半自夸，外语说得好坏自有他人评说，但自己坚信自己说得有特色。

- أتقن الإنجليزية وأيضا العربية التبحر فيهما أعمالي

  我都说带自己标签的神语，说到让你无语

有这一句，这首歌就没有办法按原词翻唱了。

另外，这句阿拉伯语不完全符合语法，最后一个词特意改为了复数，纯为了押韵。

- And rap is fantastic magic; when I come across it, I must have it

  而说唱充满魔法，从一见钟情到无法自拔

说唱是作者近两年才着迷的音乐形式，起源于那段发小无心插柳的"宅男一枚，斗胆翻唱*Love the Way You Lie*"视频。从此就跳入了火坑。

- Though rap offers no salary, when I do it, they say I'm charismatic

  虽然给不了钱花，他们说我说的牛到家

做音乐对于作者是没有报酬的业余爱好，这句同时暗讽音乐圈业内的种种无奈。

- What I do may vary, but all are like orgiastic world rallies

我的工作五花八门，每个都跟拉力赛般逼真

本职工作是新闻播音员，有时候也下去做记者采访，做过老师，做过翻译，现在也爱玩玩音乐；但是每个领域都保持一丝不苟的态度和积极向上的进取精神，每一种生活状态节奏都速度感很强，又需要有耐力，所以选择world rally来作比。

- Gear up for what I long for; every time it's a vital finale

  每场都是决赛，马力全开追我所爱

而且激烈程度，都赶上了vital finale决赛的级别。

- De facto I show up as a host, every stage I walk on, I know I own it

  而事实上我就是个主持，舞台是属于我的城池

把爱好玩得专业和不认真工作是两码事，这句话明确表明自己的身份，并享受站上舞台之感。

- I ain't what you call an MC, but I can be the master of every ceremony

  我根本不是你们所说的饶舌歌手，但努力做主持界的大师

紧扣此段主题，"饶舌哥""Rapper""Chinese Eminem""国姆"……这一系列的称号都与Gari无关，嘻哈界称Rapper为"MC"，意为"Microphone Controller"（控麦者），而MC也是"Master of Ceremonies"的缩写，所以歌词用一前一后对MC的两种解释，表明了自己绝不是饶舌歌手，而愿做主持大咖。

- Academic prizes in my life luminize my own home galleries

  这些年的荣誉在家，能把你亮瞎

既然是表现自我的说唱歌曲，歌词还是要有些故意卖弄的成分。这一小句中选择押了几个[aɪ]韵。

- Splendid moments of holding them compose my good old memories

  文艺青年外加学霸，荣耀传为佳话

文艺晚会和学术比赛一直是作者的两个舞台，原文并没有体现，翻译将其意译了出来。

这一小句中选择押了几个[əu]韵。

- Awards for majestic performances, stored up in my showy cabinets

  各种奖项拿到手软，柜子已然装之不下

这句灵感来源于收拾家中柜子时掉出来的几个奖杯。

这一小句中选择押了几个[ɔ:r]韵。

- Being all-conquering is my habit, that's exactly what's been happening

  优秀就是我的习惯，战无不胜伴我长大

这句重点其实是说明人生的态度，享受一览众山小的快感和锋芒毕露的犀利。

而这一小句中选择押了几个[æ]韵。

【VERSE 2】

第二段风格有所转变，笔锋走心，旨在引起共鸣。虽然还是用的第一人称，但这个主语可以是每一个听众、观众。在现代社会，相当多的人受现实所迫，随波逐流。而实际上，很多人的心中都有一个梦想。"梦想"这个词虽被用滥，但这里强调的是，人应该有权利拥有并去追逐自己的梦想。而在逐梦的过程中，定会路遇荆棘险阻，甚至让人心灰意冷，但最终支持走下去的，是我们那强大的内心。

如果说上一段有些故意卖弄文字，那么歌曲从此开始进入了真正的精髓部分。所以，我们四句一段地来看看。

- You see, these weeks I have been busy as a bee

  我简直忙到团团转，在这几个星期

- But eventually I realize piles of files are lifeless repeats

  最终发现无聊的重复简直毫无意义

- Auspiciously I decide to strive for my own drive and belief

  幸运的是我坚定信念，为目标开满火力

- I try to strike a chord with more by a real and most earnest dream

  分享一个真挚的梦想，我愿意你我一起

第二段开始四句，刻画了一个每天跟各种无聊文件打交道的办公室职员形象。而小人物也有大梦想，内心燃烧的火焰幻化成引起下文的两句。

该段用[i:]做尾韵，行文的中间夹杂着由[i:]到[aɪ]到[ɔ:r/ə:r]的变换。

译文一不小心，也押了拼音[i]的韵。

- It echoed inside me; I thought of these, I could not get to sleep

  它在我的心中回荡，在我的梦中回响

- I refused to be one of these bleak carcasses creeping on the street

  我拒绝随波逐流，跟随没落的躯壳爬在街上

- Temptations kept tantalizing me; who's who was who I wanted to be

  欲望捉弄着我，让我做着那成名的梦想

- And I even took it for granted I was kindda bound to succeed

  我甚至觉得自己理所当然插上功成名就的翅膀

此段真的将"梦想"比作了一个做不成的"梦",在半梦半醒之间把随波逐流的人比作了"bleak carcasses",表达拒绝做在这个世界苟活的没有思想的人。而后两句又点出了社会的另一个极端面,也就是把梦想功利化的人们,拿自己作比,既描述出年轻时那略显浮夸的自信,但同时绝不掩藏心中那倔强的目标。不避讳曾经的年少轻狂,何尝不是一种成熟。

此段没有变尾韵,一是创作时一气呵成;二是意思联结较紧,干脆顺水推舟。

而其实以上的八句,都压了[ə]+[i:]的双韵,其中头四句倒数第二个元音有[i:]的情况,在唱的时候,都可处理成[ə],形成八句双韵。

- With time arrowing by in life I find that change murders planning
  可是时光如箭,变故扼杀了蓝图

- You never know what's gonna take place that'll hearse your striving
  不知什么悄无声息,埋葬了信心十足

- Sometimes something beautiful in the beginning may end in something
  很多时候,不计其数在开始美妙的事物

- that you wish you hadn't started in the first place that keeps you fighting
  都在"何必当初"的痛苦挣扎之中结束

本段和下段是该歌曲普遍受人喜欢的两段,也是表达内心最纠结挣扎的两段,同时也被认为是翻译最好的两段。此段后两句出自我大学四年级参加"21世纪杯"英语演讲比赛北方赛区命题演讲稿，而这两句的真正作者是北京第二外国语学院英语系泰斗王文炯老先生。王老当时已80高龄，面对"社会的诱惑"这一话题，脱口而出这两句，令我感激涕零。

- There's something you are willing to talk about, but the outcome always turns out

  你想要发言发声，结果却被堵嘴

- To be one you are hardly allowed to say, let alone to say it out loud

  告诫你谨言慎行，否则你会后悔

- Not sure who should be awarded a crown, by the time who makes a stupid clown

  该被授予王位的是谁，苟活的跳梁小丑又是谁

- The palace of my confidence has been almost brutally torn down

  我那踌躇满志的宏伟，早已被残酷无情地摧毁

此段是一些社会现象的评述。言多必失情况的愈演愈烈，背后捅刀现象的屡见不鲜。唯利是图、媚上欺下终有黔驴技穷的时候，暴露无遗的自私与市侩会让"Stupid Clown"通过耍小聪明、落井下石或小人得志获得的浮华灰飞烟灭。各行各业，拼到最后是人品。做人需要讲究，贱人自有天收。而超自信的人也超自卑，超坚强的人也超软弱。就算是你的榜样偶像，也许也曾自暴自弃，自责自虐。生活种种的无奈打击着我们，甚至让我们失去信心，而我们需调整心情，迎难而上。

以上两段，并未特别考虑押韵的问题，几句话在创作时犹如洪

水般涌出。

- I have a dream that one day I'm able to dominate the stage

  我有一个梦想，站在舞台，主宰这个地方

- No matter how many are against me and what kindda price that I pay

  不管多少人反对，多少次失望，哪怕遍体鳞伤

- But I used to fail in gaining my strength and lose my way; until today

  我也曾经软弱无力，也曾失去方向

- Right now you are amazed, you gaze, and you can't help making a Mexican wave

  直到现在我high翻全场，看到你们为我痴狂，情不自禁做起人浪

心中强烈的声音此时释放，也终于高声呐喊出自己的梦想。这不仅是指谁想做什么，而且代表着每个牵动梦想的脉搏。

值得一提的是，该段以众人皆知的Martin Luther King. Jr（马丁·路德·金）经典演讲句型开头，并且歌曲中也使用的是这位伟大的革命家在1963年8月28日所做的震撼世界的不朽演讲"I Have A Dream"的该句原声。

- So I say, if life is a race, I'll decide to embrace it

  如果生活是一场比赛，我已决意拥有

- If it is a game, I'll choose to win it, that's the choice that I make

  如果生活是一场游戏，我要扮演领袖

- This time I won't let the chance waste, and I won't let the passion fade away

  我不想浪费机会，不想让激情衰退

- I can't procrastinate; I've packed my dream right on the way in this game

  我不会迟疑后退，我有梦想一路奉陪

所以，在没有自信的时候，永远不要忽视支持者的声音，它会转化成积极的力量。即便全世界都背叛了你，你自己也不能背叛你自己，携梦想上路，以随性的态度坚定前行。

最后这两段不停地用［eɪ］来刺激听觉，意在用一种艺术化的坚定感令人震撼。

【VERSE 3】

第三段感觉是带有强烈态度的总结。总有一种人，在各行各业里面当着"老师"，喜欢对各种事物进行"指导"，显得自己非常"专业"。所以这一段开始表达了对这类人的鄙视，随后过渡到多面生活经历的不易，精彩并孤单着。

- I'm a Chinese fellow and I appear to be yellow

  黄皮肤、中国人，我就长成这样

- But I wrap my life with this rap in this new released demo

  我用这首刚发的说唱，记录我的辉煌

- I know some of you have been reincarnated by my amusing gusto

  茶余饭后的爱好能让你听得像重生一样

- But I don't know what Hip-pop is, just trying to follow my tempo

  不过嘻哈的路数我不懂，只是跟着节奏瞎唱

作者是中国人，是一名外语工作者，爱用外语写歌唱歌。这是一种简单纯粹的爱好，并不专业。但就是用这种爱好都能写出大多数人唱不了的高难度歌曲，甚至在某种意义上重生了一次。最后一句装谦虚，其实在讽刺不懂装懂的人士。

此段韵脚为比较规整的双韵。

- I've been making every effort to add new zest to this track

  试着在歌里加入新的活力，让它与众不同

- Listen up to my masterpiece, you're wondering what's gonna be next

  听懂的人们陶醉在那无限的单曲循环之中

- Every word I select, crème de la crème; every step that I take, none without sweat

  字字珠玑，就在这首歌曲；坚实的步履，我挥汗如雨

- Come a little closer, step forward, thanks for the respect you express

  靠近一点，再上前一步，谢谢你们所有人的尊重

在第一首Not A Rapper发布的时候，有这么一个转发最让人感动："竟然听哭了，这是什么节奏"。一个作品最让作者感动的地方，莫过于有人被感动，这证明这首作品一定深入了他的内心，也证明他完全听懂了这首作品。这首歌的创作过程可谓是精雕细琢字字推敲，flow为了喜欢它的人和尊重它的人在继续。

写手写东西，是写给看得懂的人看的；而我们活在这个世界上，也是为爱我们的人活的。

- I say what I mean; I mean what I do, but I don't belong to this group

  我言出必行行必果，但这个圈子我无意进入

- All these lines are goddamn true; they are what I've put my heart into

  我只不过想唱首歌，真实的歌词描述了心路

- The roads at my back and under my foot witness what I have been through

  一路走来的每一步，见证了经历了无数险阻

- The words are crystal clear with the groove; I don't really need to clumsily prove

  话语紧跟旋律韵律，歌词难道没有表达清楚

这段是本歌曲演唱调值最高的一段，属于"欲抑先扬"。歌曲即将告一段落，所以再次总结态度和表明整个歌词的中心思想，试着用坚定有力的音调和加快的速率冲击着听者的耳膜和心灵。

同时汉语翻译又恰巧和英语同押 [u] 韵。

- One stage and one light, one head and one mic

  灯光照射着舞台，用头脑控制着麦

- This is a story I write, this is a game in my life

  这是本人的故事，我在和自己竞赛

- Whether my dream is big or small, don't give it any wake up call

  梦想不在于大小，别让现实把它惊扰

- I see curtains rise, curtains fall; I know I'm ready to take it all

  看到大幕升起，大幕落下，新的起点，我已蓄势待跑

说唱部分的最后四句刻画了一个孤独演说者，在讲述着一个故

事。而这个孤独者就是我，这个故事，就是我的故事。

同时汉语翻译又恰巧和英语同押[ai]和[ɔ:]韵。

【CHORUS】

- It's a game, I'm loving this game

  这是一个游戏，我爱它死心塌地

- Just a game, I'm playing this game

  也只是个游戏，我不过玩玩而已

- All the rules, who frame? I do not understand

  规则是谁定的？我真心理解无力

- And detours I take, I do not give a damn

  不管走多少弯路，我就是自己乐意

- It's a game, I'm loving this game

  这是一个游戏，我爱它死心塌地

- Just a game, I'm playing this game

  也只是个游戏，我不过玩玩而已

- Feel I'm a brand-new man, though it's a one-man band

  感觉焕然一新，虽然在唱独角戏

- Coz I stand on the stage, stand out from the same

  因为我站在这里，注定是无与伦比

副歌部分用简单明了的语言点题。唱歌对于自己是个游戏，而人生亦如戏，每个人都有权利去做自己这出大戏的导演和主演。不是歌手，不是老师，不是榜样，不是偶像，但活得漂亮，过得敞亮，爱得痛快，玩得嚣张。每天看见自己就高兴，因为觉得自己特别棒。谁爱批评批评，谁爱表扬表扬，无奈是个活在自己世界中自我欣赏、自我膨胀、自我感觉良好的自大狂。

这首歌，有些人听了泪流满面，有些人听得睡不着觉。如果你感动了，我心领了。该"赏析"原本为自己而写，但逐字看完这1%，我更加确定，真的没白写。感谢。

如果你想听 *Game* 这首歌，请扫描封底微信公众号二维码，发送"GAME"获取音频、视频。

国人英语发音十大混淆

中国人的英语学习过程，是伴随着各种阶段性考试的过程。所以，国人对于英语学习缺失最严重的一环，就是语音的学习。

原因：考试不考嘛。

而事实上，语音的学习在一门外语的学习过程中，应该是最重要的一步。道理很简单，连字儿都读不对，你还指望他能用外语干什么大事、好事、正经事吗？

所以，等真正到需要用英语的时候，才发现自己原来说得不好，或是听不懂母语人士的英语。觉得自己的英语不好听，可是从小又没人教，没人管，然后又有各种考试相逼，所以一边靠字幕看着美剧，一边靠猜蒙做着全真试题，同时身心又陷入了"到底该怎么学"的自虐境地。

与其临渊羡鱼，不如退而结网。

在大学的时候，我总结了中国人英语发音中容易混淆的几个地方，史称"国人发音十大混淆"，今日公布于此，以飨读者。

补充说明一点，在发音方面，不是所有人在知道了自己的错误后都能改过来，因为我们的听音辨音和模仿能力不尽相同。所以，这个总结是让各位弄清楚自己的问题在哪儿，至于解决问题，要么靠自己强大的耳朵听出自己的错误并改正，要么找一个能听出你问题的大神，当面扶正祛邪。当然，一切的一切，是要问你个人是否有意愿真正把一门语言学得扎实、说得漂亮。

"凭什么你说的一定对啊"，当你想质疑我总结的可信度时，请再仔细看看我对每个音、每个字的描述。对于英语（包括阿拉伯语）发音，我没有百分之百的把握，是绝对不会把理论放在纸上的。

所以，请放心开始吧。

一、[i:] & [ɪ]

首先，这两个音绝对不是仅仅在长度上有区别。事实上，发这两个音的口形是完全不一样的。

[i:] 的口腔感觉略紧，口形略扁；两排牙齿距离不大，嘴角略往两侧，发音夸张时牙齿是能够被看到的。该音听起来很甜美。想象如果你有小孩，你在慢慢教他说"一"的时候发出的音，就是这个音。

[i] 的口腔感觉略松，口形略圆；两排牙齿较 [i:] 距离略加大，嘴角根本不用咧，牙齿无论怎么样都看不到。该音听起来很急促，而且有力量。想象你发"呃"的口形，然后发出一个短短"ɪ"的音，差不多就对了。

我能想到的适合区分这两个音的词句有believe, repeat, retweet, it

安可 | 239

means, kiss me…都是前[ɪ]后[i:]；然后在我写上一句的时候又想到了，Beat it, (I) mean it, believe it, Seeing is believing…都是前[i:]后[ɪ]。

另外，语言当中存在各式各样的"音变现象"，英语也不例外。如treaty当中的第二个[ɪ]，基本上受第一个[i:]的影响也变成了[i:]的口形，再比如secret，音标虽然是['si:krət]，但是这里的ə差不多读成了ɪ的音。

其实，所有的长短音都不是长度的区别。比如[ʊ]&[u:]，两个音的口腔感觉和[ɪ]&[i:]相似，注意不是位置，是口腔感觉。可以用should do, could do, would do来区别，三个都是前[ʊ]后[u:]。

既然是混淆嘛，就得说说混了之后有何效果。反正不想骂人的时候管人家叫"阳光下的海滩"或是"一张草稿"，就好好区分这俩音吧。

二、[ɑ:]&[ʌ]

这一对"长短音"我单拿出来说，证明有人混淆得已经天昏地暗了。其实这两个音，可以说是一点关系都没有，从音标的长相就看得出来（这句是开玩笑）。

这里直接拿例子说话吧。

Cart & Cut　　　Bars & Bus

Heart & Hut & Hot

[ɑ:]的口形偏圆，发音的时候下颌向下张开，很是放松。像慵懒地大喊"啊"。该音在单词中如果带有字母"r"在其后出现，美

式英语中，要把[r]音读出；如果没有带字母"r"在其后出现，美式英语中，要把[ɑ:]读成[æ]，如last, fast, past, rather等，但是father这个词中字母a仍然读[ɑ:]，证明凡是规律均有特例。

[ʌ]的口形几乎和[ə]相似，甚至你可以理解为做[ə]的口形，发[ʌ]的音。这个音就是在你不注意的时候我突然用手打你脑门一下，你发出来的音。

我此时又想出几个例句：

• Park the car at the club, but cut the bus at the bar.

要不要再升级一版：

• Mark, park the car in the garage at the club, but just cut the bus at the bar rather the farm 'coz it's far away from the car.

例词与例句永远是最好的正音材料，当然，要练就精准的耳音和模仿能力。请记住，这些是可以练出来的。

我又想出一句比较有意义的话：（刚刚那句是啥意思）

• Love lasts long with loyalty; but vanishes for lack of trust and longing for endless lust.

爱情，因忠贞不渝而久长，因失信纵欲而消亡。

我不是学者，我不会用各种术语解释发音，我只会用最土的大白话告诉各位正确的发音位置。我不喜欢冰冷地灌输理论，我享受智商与情商并存。

三、[ɔ:]&[ɒ]&[aʊ]

首先来说[ɔ:]&[ɒ]混淆，主要在于美式英语中的以下这类词：

Story　　　　　　storage　　　　mortgage

Because　　　　　cause　　　　　false

第一排：不读"丝刀瑞"，而读"丝多儿瑞"；不读"猫给吱"，而读"摸儿给吱"。（注意！我是为了强调第一个元音的不同才用汉语的！不能使用这种注音方式学外语！切记！）

第二排：由于美式英语有"儿化音"，所以导致有些朋友把不该儿化的音也儿化了。这排的都不能在[ɔ:]后面卷舌。

另外，[ɒ]在美式英语中，是基本发成[ʌ]的。如mop、rock、auto、tomorrow，这些词要保证读成[ʌ]，同时绝不可混淆成长[ɔ:]甚至 无中生有出一个儿化音来。推荐一首歌作为例子：*Lose Yourself*—Eminem，最后一段后从"wanna stay in one spot, another day of mono (tony)"开始，尾韵押的就是这个[ɔ]变[ʌ]的音，不管你爱不爱说唱，都可以去听听英语母语饶舌大神那标准而酷炫的发音。

再来看[ɒ]/[ɔ:]&[aʊ]。

就短音[ɒ]来说，不能把dot读成doubt，a lot不能读成"allow-t"，反过来亦然错误。

有些长[ɔ:]和[aʊ]要是混了可就闹笑话了。

骑"马"还是骑"房子"？"家庭主妇"还是"一匹马的老婆"？打"电话"还是打"奶牛"？不管啥"原因"都是"奶牛"……写到这儿，我好想说，人家马儿&奶牛招谁惹谁了……

同样地，在此给出以上双引号中的所有单词：

horse & house

housewife & "horse wife"

call & cow   cause & cows

还有以下容易误读的例子：

dawn & down   wrong & round

以下作一解释。

[ɔ:]为单元音，在英式英语里面的口形非常圆，双唇紧皱，双腮紧缩。而在美式英语中，与[ɒ]接近发成[ʌ]一样，[ɔ:]就接近发成了[a:]，或是理解为，做[a:]的口形，发[ɒ]的音。

[au]为双元音，发音过程口腔空间变化很大，有点像老虎的叫声"嗷"。双元音嘛，顾名思义，就把两个单元音放一块儿，一个[ʌ]，一个[ʊ]，不就是"啊呜"两个字连一块儿说快点就成了嘛。再强调一次，绝不能用这种"汉语注音法"去学，但是咱可以这么理解一下。你懂的。

四、[æ]&[e]&[aɪ]

前两个音是单元音，口形略扁，音色略干；后一个音是双元音，口形在发音过程中是变化的，音听起来圆润饱满。

前两个音的区别在于，第一个[æ]嘴巴张得更大，牙齿间距更大，有种说法是牙齿间距约两指。第二个[e]没那么夸张，牙齿间距约一指。

如果这几个音互相混了，乐子可就大了，都能要命。"床"可就"坏"了，"老爸"可就"去世"了，"网"上就变"晚"上了，放"风筝"就变成放"猫咪"了。你到底是在"自行车"上还

是在谁"背"上？是让我"猜"呢还是在招呼"小伙伴"？是要
打"赌"还是要"咬"我？是在吃"面包"还是在啃"新娘"？

上述所有双引号内的单词如下：

bed & bad　　　dad & dead

net & night　　　kite & cat

bike & back　　　guess & guys

bet & bite　　　bread & bride

这些我都是不止一次听过别人混着说过的，而且很多人都还正
在这么混着说。我想说，其实中国人说中式英语，没什么不好；外
来文化属地化，增添民族特色，喜闻乐见；但同时，对自己要求高
一点也没什么不好，起码对老爸负点责，对猫和新娘都负点责吧……

五、[ɪ]/[iː] & [eɪ]

这是另一组国人在单元音（长元音）和双元音上的混淆。

个人认为，我们中国人之所以在这么多单双元音上出现问题，
是因为我们汉语对于一些字在不同的地区有不同的方言读法。

比如我的老家河北某些地区，"爱"这个"双元音"会说成[æ]
的音，"闹""好""赵"等字也说得非常偏向英式英语的[ɒ]。

再比如北京话常常突出某些"双元音"的长度和饱满度，如
"咳""在"会说得特别夸张，另外还有都知道的尾音、儿化音特
多。

再比如山东话的"什么"会发成"熟么"，"舅舅"会把"iu"
的"u"发得更加突出。

所有方言的习惯，会不经意间带入外语发音，形成具有地方特色的外语发音。尤其是在遇到完全不同的单元音、双元音现象时，会不经意间地按照自己的汉语习惯偏向某个音，闹不好，就错了。但是有趣的是，各地偏得还不尽相同，却又有规律。比如cat & kite，北京人只可能把cat说成kite（还有可能最后拖出一个"特"的音），而河北人只可能把kite说成cat，发音太直习惯了。

我说的都是有可能的情况，不是人家某地方的所有人都混淆的哦。

小结完毕，回归此主题。

不说那些笑话了，直接给一些例子吧。

keys & case & kiss

G & J (JPG) Jay-Z

this & th[ei]s… & they & thee

quiz & craze

[i:]前面说过，是"齐齿长音"，牙齿很齐，距离不大。而[ei]是有一个咧嘴的过程，牙齿间距由大到小，有点像"诶"字的发音。

另外，我还听过有人把"this is…"说成"雷丝意思……"真的能雷死人的。

六、[l] & [n]

这其实就是中国话里的"了""呢"不分，湖南、湖北、四川、广东、福建等地的好多朋友们，躺着也"中枪"了。

我在上小学之前，也是"l""n"不分的。家里人老让我说“老奶奶”不断练习，可是一直到六岁我还是管“老虎”叫“脑虎”，管“拿来”叫“拿耐”。直到我小学二年级开始正式练外语，才把这个纠正过来。所以，我的母语发音都是靠练习外语练好的。

然后又到了给例子的时间，你们知道吗？我写这个十大发音混淆最喜欢的部分就是这些组词造句了。

night　　light　　nice　　light

night life　　last night　　last life

I bought a nice night-light and nine light knives last night.

你管我买那么多刀干吗呢……练吧。

七、[v]&[w]

这是一对特别容易混淆的音，很普遍。

发[v]时，上牙是要碰到下嘴唇的；而发[w]时，牙齿不碰嘴唇，双唇紧缩，嘬出一个小圆洞。

其实，这两个音可以直接看字母来区分，字母V发[v]，字母W发[w]。

当然也有特例，“edelweiss”（雪绒花）中的“w”就发[v]，因为该词来源于德语；同样德国大众“Volkswagen”中的“w”也发[v]的音。除了这样的外来语，绝大多数带有“v”和“w”字母的英语单词，都是按照这个显而易见的规律来区分的。

为什么容易读错呢，也是因为中国话在这个音就是乱说的。“万一”“为什么”“喂你”“忘了”等带有[w]音的词汇，很多人都是发成[v]的。没意识到的错误，其实是缺少发现。

我多琢磨了几个例子，供练习区分：

fair　　　　value　　　vise versa

when & where

world　　　wide　　　web

wave　　　vowel　　　persuasive

vow & wow　　　　　vice & wise

vest & west　　　　　five & wife

win & victory　　　　wind & Vincent

very well & WIFI（Wireless Fidelity）

What a wild voice of that fierce wind!

一口气读下来，一个错不犯的，口语肯定不错。而且，英语考试分数肯定不低。因为我坚信，发音好的一定出声读过很多东西，而大量的阅读一定造就相对扎实的语言功底，考试本身再不科学，也难不倒那些真正意义上把语言学好的人。所以在此多说一句，一种是靠连猜带蒙过考试，一种是连口语带考试一块优秀，前者提心吊胆学不到真东西，后者得花工夫但是练就一身真功夫。要哪个，自己选。

八、[θ]&[s]/[ð]&[z]

这其实就是"th"咬舌音，不咬舌头就会变成[s]&[z]，也算是我们中国人最普遍最传统的发音错误了。

没什么可难区分的，就是该咬舌头的一定要咬。咬舌音的标志就是"th"。

但是还记得那句话么，凡是规律，均有特例：

Thomas, Beethoven, thyme就是我发现的几个th不发[θ]的特例。这些词看起来都是外来语。当然到底是th组合发的[t]，还是t发[t]而h不发音，咱就不研究了，还是多练练咬舌头吧。

这个音的例句非常好找，我就说两个个人发现：

333, 333, 333, 333

（读这个数10遍，差不多就改过来了）

This is the faith that I go back to the south with.

（12个词7个咬舌，来自马丁·路德·金"I Have A Dream"演讲）

其实没有特殊需要或是对自己要求不太高的朋友，不用这么自虐，把"Thank you""I think""I thought"多练练就行了。但是需要提醒一点的是，如果你想跑3000米，拿1万米甚至马拉松来练习，等到你跑3000米的时候，就跟玩一样了。

九、[r]&[ʒ]（或拼音[r]）/[r]&[l]

这一大混淆，其实是针对[r]音在音节首和音节末的读法提出的。

先说说词末（音节末）的[r]，有人可能会问，[r]怎么可以和[l]混淆呢？还得拿例子说事。有人会把"over there[ðer]"说成"there[ðel]"，有人会把"iPad Air"说成"iPad L"，这不是混淆了[r]&[l]嘛。

对于词首或是说音节首的字母"r"，也要举例说明。比如read如果读成汉语发音方式说成"日瑞的"，第一个音其实已经错了，基本混淆成了[ʒ]，或是说和"日"字相混淆了。请记住，[r]这个音，在汉语里面是没有的。

但是，在王力宏的汉语里面有！

去听二哥是怎么说"然后""如果""让我们""好热啊"的吧，他发的是[r]，而你发的是[ʒ]！模仿他说这些话，找到他发这个汉语音的位置，然后单把这个音"移植"到英语以"r"为首的音节当中，你成功地说对了这类词！

所以，去它干涩的发声解释，去它的口腔侧面解剖图，最后张大夫让你模仿汉语找到了正确的英语发音！

另外，[r]音读不对，可以引申至[tr][dr]读不对。换个理解方式的话，可以说是将这三个音习惯性地和汉语相似但其实完全不一样的几个音混掉了。举三个例子，便一目了然。

Run & 软　try & 踹　dry & 拽

但若想把这些音发对，模仿是"捷径"。

十、无中生有&本有变无

最后这一"混淆"，是"有"与"无"之混。

第一种，以辅音结尾的词，是辅音结尾就让它辅音结尾，别无中生有地多说一个元音。

Good, nice, that, Bob, map, cock, mug，最后都别拖出个[ə]来。在国际舞台上，不用以这种方式证明你是中国人，而要用大气的举止做派和流畅动听的英语，彰显中华民族的国际自信。

另外，在美式英语里，一些长元音，在单词中元音字母搭配"r"出现时，会"儿化"。这也是美式英语好听的地方之一。

但是不该儿化的地方，咱不能乱儿化。比如：

idea   campus   China

Belgium   Australia

这些单词的最后一个音节，都不能带[r]！但是有多少孩子把idea读成idear！有多少英语老师把idea读成idear！中国人，咱们至少把China说对吧！

请记住，有字母"r"儿化，没有坚决不能儿化。

提醒一下，我刚刚说了一个规律哦！

下面我该说什么了？对！凡是规律，均有特例！

我还真就发现了一个元音字母+"r"，"r"在美式英语里也不发音的单词，particular的第一个音节就不儿化。不过，我听到的有些有声词典里，倒是听到了卷舌的声音，也许是"流传的错误"，我不确定。

说到"辅音变元音"，在这里多加一个混淆，也就是[l]结尾，混淆读作[əʊ]，比如：

uncle   little   purple

最后都是以辅音[l]结尾的，是靠舌尖卷起并有力顶在上齿龈发出来的，而不是用"欧"这个音代替的。

以上姑且算作元音的"无中生有"，下面来说"本有变无"。

America   Monica

school   cool

这些单词，你不能读成儿化，同时也不能不读结尾的元音以辅音结尾啊！咱不能明明有，主动选择忽略啊。

十大混淆，快写完了。我觉得肯定还有其他的混淆，或是读不准的地方，因人而异，因地而异，交给各位补充吧。列举混淆的目的不是为了揭自己人的短，而且是为了帮助我们"扶正祛邪"。

另外，单词只是区分混淆；最好的发音练习，还是需要通过成句成段模仿完成。

再另外，发音标准的程度依个人喜好和对自己的要求而定，我这里只是提供一个个人认为相对比较全面的总结。

再再另外，我这个总结是一口气写完的，写的时候没有参考任何文献和书籍，完全是凭经验总结，选择相信与否，完全在各位看官啦。不过我把话放这儿，我的总结跟那些用语音术语讲解发音的唯一区别是，那些写出来一是为了表明理论"专业"性的；二是表明作者多"专家"的；三是为了论文没办法"借鉴"了的，而在下这个，是为了直接告诉你错在哪儿并如何改正的。

以上的一切混淆，都可以用同一个方法区分解决，那就是模仿。模仿有两个部分，一个是听，一个是说，同等重要。所以我一直觉得复读机是个太好的语言学习工具，我用坏过三个，其中"跟读对比"功能键我总是最先玩坏的。

语言，根本不是学出来的，是练出来的，是熏出来的，是玩出来的。

最后没什么可赠送的了，奉上英语中48个音标吧。最简单的东西，我们其实一直都在忽视。就像最爱你的人，其实就在你身边。请不要选择忽视，选择去发现，选择去投入的爱吧。

元音20个：

[i:] [ɪ] [e] [æ] [ɜ:] [ə] [ɔ:] [ɒ] [u:] [ʊ] [ɑ:] [ʌ]

[aɪ] [eɪ] [ɔɪ] [əʊ] [aʊ] [ɪə] [eə] [ʊə]

辅音28个：

[p] [b] [t] [d] [k] [g]

[f] [v] [s] [z] [ʃ] [ʒ] [θ] [ð]

[tʃ] [dʒ] [ts] [dz] [tr] [dr]

[m] [n] [ŋ] [h] [r] [l] [w] [j]

国人英语发音十大混淆，至此揭示完毕。

相应的区别与改正方法，业已解释完毕。

愿你说一口漂亮的英语！

Best of Luck with Love!

国人阿拉伯语发音及
读法错误汇总与纠正

对于任何一门语言来说，发音，都是最初级并且最重要的一个学习环节，阿拉伯语尤甚。

客观地讲，阿拉伯语发音对于中国人来说，相对较难。它具有很多其他语言没有的独特发音，模仿起来实属不易。学阿拉伯语的人，发音完全过关的，着实不是多数；而拥有地道阿拉伯语发音的人，更是凤毛麟角。

我本人从接触阿拉伯语以来，一直听到别人夸赞我的发音。更有甚者，认为我说阿拉伯语跟阿拉伯人说得很像，并且认为我有很强的语言天赋。而阿拉伯人跟我交谈的时候，我发现他们会瞬间觉得我是他们中的一员。对以上种种现象，我没有暗喜，却思考了很久，得出以下三个结论：

1. 我的阿拉伯语发音是正确并且地道的；

2. 我的模仿能力、辨音能力和察觉能力很强；

3. 准确地道的外语发音能有效拉近与母语人士沟通的距离。

另外，在阿拉伯语圈里的我时常会跟一届届的阿拉伯语新人打些交道，也常就年轻人的阿拉伯语学习展开交流与讨论，被问及阿拉伯语学习方法、阿拉伯语发音技巧等问题的频率颇高，次数颇多。加之自己反复确定了上一段的三个结论之后，我决定对自己的"功能"加以利用，影响更多和我做着相同事情的人。

（以上就是一本正经地嘚瑟之典范……）

于是，我总结了自己在阿拉伯语发音方面的一些小发现，以飨需求者。

一、字母的混淆与误读

1. "ص" "ض" "ط" "ظ" 四个顶音的齐齿单动符发成 "sui" "dui" "tui" "zui"

这几乎是90%以上的阿拉伯语学习者都犯过或是正在犯着的错误。把这几个音发错的人会在发这些音时，会有一个明显的"噘嘴"动作，嘴角是向内移动的；而事实上，发这几个音时，唇形几乎不变，有些阿拉伯人甚至嘴角是向后下方移动的。

下面力图详解一下这四个齐齿顶音的正确打开方式。

首先我们要明确一点，发阿拉伯语顶音，嘴巴是放松的，而舌头是紧张的，舌头是整个音发出的力量之源。其实，顶音齐齿符可以分成两个动作来剖析。

第一个动作：舌面中部努力向上隆起（ص ظ 两音，舌前中部顶住上颚和齿龈，ظ舌尖顶住上齿后部或上下牙齿中间，ص用舌后部几乎触碰上颚但是又没有碰到，以便留出下面的送气动作），保持舌头紧张度。

第二个动作：将紧张的舌面中部力量迅速转移至舌根，做出一个舌根下压的动作，同时用意识控制说出近似［i］的音。注意，一定不能噘嘴，凡噘必错。只要没有噘嘴动作，并且是用舌中部开头，舌根下压结尾，这个音，基本上十拿九稳。

将上述两个动作顺畅地连在一起，恭喜你，你的齐齿顶音不再难以启齿。

2. "ح" 和 "ع" 的开口和合口符添加卷舌 "儿化音" 以及把 "ع" 当作元音处理，尤其是其齐齿符读音

首先请注意，阿拉伯语中根本没有卷舌音。

所以在说阿拉伯语的过程中，不可能出现舌头卷起的动作。"ح" 不能说成 "哈儿"，"ع" 不能说成 "啊儿"。"ح" 是靠软腭上顶形成送气的 "哈" 音，而 "ع" 是同一口腔位置的 "ح" 浊辅音，嗓音震动。

再次请注意：阿拉伯语的28个字母，都是辅音。

那么我们来看辅音的定义：气流在口腔或咽头受到阻碍而形成的音叫作辅音，又叫子音。发音时气流受到发音器官的各种阻碍，声带不一定振动，不够清晰响亮的音素叫辅音。气流从肺里出来不一定振动声带，通过口腔时受到一定的阻碍，这种主要依靠阻碍发出的音叫辅音。

敲黑板！画重点！

"阻碍"！

所以，"ع"作为一个纯粹的辅音，一定要将"阻碍感"做足。"ع"叫"上喉壁音"，这个阻碍感，就是来自于上颚最后部（也就是软腭）和咽喉部共同作用的结果，绝不是不费力就能做到的，绝不是直接从嗓子里顺畅发出的"啊""咦""呜"音。只有做好阻碍的位置，不论是开口合口还是齐齿，都自然到位。

3. "长元音"和"双元音"混淆

长元音、双元音，这是英语音标的说法。我迁移过来对比一下。在阿拉伯语每个字母的发音中，三个单动符长音就是长元音，两个软音就是双元音。

这个混淆经常出现于中国北方人的阿拉伯语中。如果再分类，有两种，一种是 ص ض ط ظ ق 的开口长音和其相应开口长音加 و 软音混淆；另一种是剩余所有字母的开口长音和其相应开口长音加 ي 软音混淆。

改正的方法需要记住：长元音是单元音，在发音的过程中口形是不能有任何变化的。双元音则不同，从发音开始到结束，口形一直在变。而阿拉伯语两个的"软音"，就是双元音[ei]和[əu]，只有软音口形在变，而长音绝对不能变。

4. "و"和"ف"的误读

这两个音解释起来比较容易："و"是上牙不碰下嘴唇的，"ف"是上牙必须碰到下嘴唇的。

这种误读类似于英语当中对于[w]和[v]的混淆，可以迁移理解。

5. "ث""س""ز""ذ"的混淆误读

这组混淆相当于英语当中的th组合[θ][ð]咬舌音没做好。

而ذ ث必须要把舌尖放在两排牙齿之间；而ز س必然不能咬舌头，相当于[s][z]。

6. “ق”不到位，或与“[g]”混淆

该音是用嗓子眼上方那个位置的小舌同软腭最后部闭合产生的，比[k][g]更加靠后。发音的时候尽量让摩擦堵塞点往嗓子眼上方靠，发出一个脆生生的“ق”。

7. لا，读成“俩”

中国把“السلام”翻译为“色俩目”，这属于约定俗成；但这种翻译同时也让这个最重要的单词发音在某些阿拉伯语学习者当中产生了严重的错误。“لا”的发音绝不是“俩”，而是[le:]或[la:]，单元音。

二、叠音和长音

语言是有节奏的，阿拉伯语尤其如此。先不说那些带有固定音节长度的诗歌或经文，就连普通的说话和朗读，也是韵律感十足。

阿拉伯语的韵律感，是靠长短音和叠音区分的。如果长音和叠音发不好，直接导致阿拉伯语听起来很不地道，甚至造成和母语人士的沟通障碍。

长音不长、叠音不叠、长音或叠音无中生有、长音读成叠音、叠音读成长音、又长又叠音不到位……以上种种现象，直接影响了一个人说阿拉伯语的地道程度。反之如果将上述问题全部纠正，让长音“够长”，叠音“够叠”，你的阿拉伯语在节奏上几乎听起来无懈可击，这一点也是一个人的阿拉伯语听起来是否接近阿拉伯人，是否地道的一个重要指标。

1. 叠音不叠

（1）太阳字母开头名词加冠词的情况

例如：الشمس، يوم السبت، من اللازم، لغة الضاد، روح الصبر، كرة الطاولة، ألم الظهر

太阳字母开头的名词，加冠词要在该字母上加叠音，在该字母上给足停顿。

（2）两个连续叠音的情况

例如：كلّيّة، كلّيّا، ماديّة، الصّينيّة، الشّعبيّة، التّجار، ذلّ النّكسة

同理，这样的情况，要在相应的两个字母上分别给足停顿。

2. 误加叠音

例如：يد، نية، فم، أمام، ذات صلة، شتى المجالات، ألا وهو \ هي

以上，均无叠音。不要不由自主地加上叠音。

3. 长音不长

这种情况往往会出现在两个连续长音的情形下。例如：

مجالات، علاقات، إنجازات، اقتصادات، مساواة، إيصال، آلاف، فحوصات، جيران،

موسيقى، خليجي، إداري، فعاليات، تسهيلات، تشريعات، معلومات ...

这些词当中的每两个连续长音，都要把音值发够。

4. 叠音读成长音

我们直接来看几个例子：مستمرّ، مستقرّ، جدّا، ملفّ

一定要注意，叠音就是叠音，要让音足够"停顿"，而不是靠该叠音前动符的延续而完成的。

5. 长音读成叠音

还是直接来看例子：...ستحيل، حيلة، قيل

这个是上一条相反的错误现象，这些例子中的齐齿长音有时候会被误读为叠音。

6. 又长又叠不到位

例如：مادّة، موادّ، قارّة، جافّ، جارّ، سارّة، اتفاق، السري، الصينية

对于"长音后跟叠音"的情况，请注意把长音和叠音分别体现出来。由于"长＋叠"可以归为"两静符相遇"的读法，所以叠音前的长音不用像单独长音一样长，但是一定要有所体现。如果完全不加长，听起来就不是这些词了。而对于"叠音后跟长音"的例子，同样的，不要因为前面的叠音将后面的长音忽视。而有些单词再加上冠词之后会"长叠结合"，那更要注意把各个细节交代清楚。

另外，要注意单词的根母构成，有很多词汇，如果能够正确判断出根母，则可以判断某些单词是否有叠音。比如："تماس"意味"相互接触"，它的根母一定是"م س س"，因为该单词从"مسّ"派生而来。所以，"تماس"的"س"上一定是有叠音的，要注意将这个"长音＋叠音"发对。再比如："مضطر"是"被迫的"，由"اضطر"派生而来，根母为"ض ر ر"，承载"伤害"的意味。所以，前两个单词的"ر"上，一定有叠音，要注意发到位。

其实，多数阿拉伯语叠音和长音的问题，都是我们没有意识将它们足够重视起来。解决办法是，在查阅字典的时候，一定要注意标有叠音的音节。同时注意观察和聆听阿拉伯人对于单词的说法，特别是当发现和我们的不同点时，积极询问，积极思考，及时优化和改正。

三、其他发音错误

1. 冠词的太阳太阴字母读法混乱

来，请拿出《新编阿拉伯语》第一册，翻到第47页。

如果以太阴字母为首字母的名词加冠词，则冠词中"ل"读出。

如果以太阳字母为首字母的名词加冠词，则该太阳字母读叠音。

作一提醒！切勿混淆！切记切记啊。

2. 连读和分读的 "ا" 读法混乱，写法亦混乱

其实，这个混乱完全可以用一句话来说明白，就是凡是带"ء"的"ا"，无论在什么情况下，都要读出来。如果是不带"ء"的"ا"，则在与其前词连读时，略掉不发音。

然而最不走运的是，全世界的人都在乱写着这个字母，包括阿拉伯人自己。很多阿拉伯世界的媒体，宣传标语，民众书写，都是不分"ا""آ""إ"的。而书写的不规范就恰恰导致了我们在发音上的混淆不清，模棱两可。

我试着总结一下，"艾力夫"分读的情况，也就是"ا"要加"ء"写成"أ"或"إ"的情况，有这么几种：

（1）"ا"作为一个单词中的根母之一出现的时候，应该加"ء"，写成"أ"。

例如：أكل، ألم، أهل، رأي، قرأ等等。

请注意，我在这里说的是"艾力夫"这个字母，而不是عاش، قال،这些词里的用"ا"充当"ي"和"و"的"假艾力夫"。دعا، نجا

（2）"أفعل"式动词中的"艾力夫"，在过去式中永远都要写成"ا"，在词根及其所有派生词中永远都要写成"إ"。

例如：إعلام، إعراب، إلحاح، إعلانات، إجراءات، مأكولات، تأثيرات...

（3）所有现在式动词"我"的格位中的艾力夫，一定写成"ا"。

例如：أكتب، أستمر، أواصل، أشترك، أستئذن...

（4）名词单数中没有艾力夫，而复数中变化出了艾力夫，这样的名词复数中的艾力夫，要写成"ا"。

例如：حين جـ أحيان، ريف جـ أرياف، قلم جـ أقلام، نفق جـ أنفاق...

（5）一些名词当中的艾力夫是一定要写成"ا"的。

例如：أي، أم، أو، أين، أمس، أرض، أسبوع، أسرة، أمام، كأس، أحد، إحدى...，特别还有أن和إن，必须要写出来。

（6）人名中的艾力夫，则要看情况。

例如：إسماعيل، إلياس، إسحاق就是这样写的，而ابن سينا就是不加"ء"的。

（7）比较级最高级中的艾力夫，写成"ا"。

例如：أجمل، أكبر، أكثر...

（8）外来语中存在"艾力夫"的，要写成"ا"或"إ"。

例如：إفريقيا، إثيوبيا، إنجليزية...

我不知道总结没总结全，反正暂时想出来这么多。这些单词中的一切"艾力夫"，都是分读的艾力夫，无论什么时候，都要读出来，不能吞掉。

而其余不带"ء"的艾力夫，其实应该叫作"海姆宰"。你叫它连读的艾力夫也好，连读的海姆宰也罢，都应该在其前面有单词时，将其音略掉。

3. 句末尾符读出

这个现象一般会出现在我们初学阿拉伯语的时候。课本的录音带，老师所教授的，都是"读全符"。然而阿拉伯语其实有一个规则叫"停顿规则"，该规则规定的是一句话在停顿时候，停顿前最后一个音的读法。基本规定如下：

（1）在句末的单动符要变成静符；

（2）在句末的"ة"，要读成静音的"ه"或是可以被理解为不读；

（3）在句末的双动符，若是合口和齐齿双动符，直接读成该字母的静符；若是开口双动符，则可以读成全符，或是静掉"ن"，读成开口长音。

所以，"句末吞音"，应该是必需的；而句中的停顿之处，也可以将尾符吞掉。

4. 不该吞音的时候吞音

这一点恰恰是上一点的"矫枉过正"。想当然地将阿拉伯语的吞音现象普遍化和随性化，这是完全不正确的。

比如，正偏组合当中，正次的单动尾符，没有任何吞音的理由，必须读出。

所以，不是在句末或是需要换气之处，理论上都不该吞音。

5. 字母名称误读

这篇文章写到最后，我突然想到一个问题：26个英语字母，会英语的没人不会念吧。

但是！28个阿拉伯语字母的名称，你能全说对吗？

来，请翻到《新编阿拉伯语》第一册第53页，看最左侧一列。我知道很多人根本说不对。但是我觉得，会阿拉伯语的人，应该得知道28个字母名称。

好了，以上种种现象，都是我本人在大学学习中和毕业工作后的小发现。不成系统，不够全面。总结出来，希望对需要的朋友有点用。

这篇文章写到这里基本上快说完了，但是对于说外语，上述所讲的所有关于发音的问题，只是第一件事。想说一口地道的外语口语，除了发音，还有语调、语速、语流、节奏、韵律等要素需要逐个打磨。

对于语调来说，切记不要将汉语当中的"四声"自然地加进外语当中。外语的抑扬顿挫，不是明显和准确的"几声"，而是很多"没有完全在调的音群"组成的。我不知道这种现象在语音学里叫什么，但是，我知道不管是英语，还是阿拉伯语，语调都不能加入汉语的四声。就像外国人掌握不好汉语的声调一样，你也试着去忘掉声调，也许外语的语调就离你不远了。

对于语速和语流来说，因人而异。但是要学着在该停顿的地方停顿，在该连续的地方连续。

对于节奏和韵律，我个人有种特色的理解：语言在某种程度上讲，是一种音乐。阿拉伯语尤其如此。四分之一音符，二分之一音符，附点音符，三连音，圆舞曲，爵士乐……怎么说呢，你要有一颗喜爱音乐和了解一些基本乐理的心，再加上一定程度的想象力和不厌其烦的听音模仿，你就知道我在说什么。不强求理解，但是我希望这一段能有人跟我共鸣一下，我会很开心的。

以上这些要素，有一个突破的"捷径"，就叫"模仿"。只有用心地听，多加思考，并下功夫作跟读对比，长期积累下来，发音一定会有看得见和听得出的进步，甚至进入一种地道的"以假乱真"的境界。

后记

来，干了这碗豆腐脑
——"张"扬个性　"博"弈人生

谈了这么多我与外语的故事，有点累了吧。

其实我在想，外语真的不用"学"吗？也不一定。还回到写在最前面的话，关键在于你拿外语当什么，对于外语是怎样一种态度。对我来说，外语，是用来"玩"的。真正成功的"学"外语过程，总体应该是充满挑战和乐趣的。

其实，我对于外语的态度，就像我对于生活的态度一样：随心、随性。

所以到此，我想既然本书是我"外语人生"的一个阶段性总结，不妨也总结一下自己所谓的阶段性人生，看官们看个热闹，也当是自勉共勉吧。

想了又想，感觉从反面总结更有个性，于是有了下文的"四不"。

一、我不给自己的人生定坐标

我最不喜欢的，就是按照一般人的一般人生轨迹来生活。我不觉得那样的几十年有什么意义。有人教我，几岁实现什么理想，几岁做到什么程度，几岁评职称，几岁当领导；对于人生活法的选择，没有对错，但绝对因人而异。如果你想活出你自己，完全可以摒弃那些所谓的常理。

所有和我喜欢的工作、爱好和娱乐之外的事件，我把它们统一归类为"琐事"。这些我定义的"琐事"，包括买房、结婚、理财、打理社会关系等，但不包括买喜欢的家具和按自己的设计装修，同我爱的人一起旅行（但规划行程算"琐事"，烦请另一半规划好），想着挣钱和努力花钱以及同好朋友一起聚会吃饭。不做计划，全身心享受当下的工作和生活。

我也从来没自己主动或被逼着制定过什么人生目标，我只决定今天或这周需要干哪几件事。我的人生从来没想过成功。这绝对不是所谓"过来人"的"站着说话不腰疼"，我从小就没想过什么成功，我只是在每次竞技般的人生小阶段里乐意去抓住机会罢了。

我经常以"运气好"来作为自谦的一大借口，但也许没有规律的时空变换和从不急功近利的处世态度，才是我幸运地获得了一般人享受不到的快乐的理由。我认为，一个人每天都活得乐在其中，就叫成功。

二、我不给自己的心情贴标签

其实心情好不好，某种意义上是你的潜意识在作祟。

比如你失恋了，若你一直告诉自己"我失恋了，我失恋了"，你可能本来没那么难过，可是对于"失恋"的暗示就像一个标签一样贴在了你的心里，你认为不做点跟失恋相符的事情，就不叫失恋。所以你开始折腾自己，甚至伤害自己，最后心情变得更差。当然，找朋友倾诉一番是个不错的选择，自己去喝口解脱酒在安全范畴内也可接受，但是，别给自己放纵和难过的借口。

　　再比如你生病了，若你一直觉得"自己是病人，自己是病人"，第一，这种负面情绪直接可以给肌体带来更大的怠工；第二，心情差和消极的情绪对康复就没什么好处。有病看病可以，但咱别给自己添心病。你可以和你爱的人撒娇发泄，可以大喊大叫，甚至可以在小号里发发牢骚，但不需要给自己的身心造成一个二次的双重压力。

　　再再比如别人惹到你了，让你不爽了，这个最好办。我在大学时期就听到过一句话，叫"不要让别人的错误惩罚自己"，屡试不爽。别人今天对你的不肯定、不尊重，都应该成为你当下努力的催化剂，都应该转化为明天辉煌的理由。不是为了证明给这帮人看，而是绝不能因别人的轻视而自己看不起自己。

　　我的心情走低时，一般我不给自己内心再作出一个肯定自己心情不好的反应。反之我会找挚友去和盘托出，然后再故意没有效率地生活两天，思考下人生。善于总结并不让生活因挫折而改变，善于适应并不让心情因苦痛而低迷。也许，每一次的波谷都预示着下一个波峰的到来，每一次的名落孙山都值得为之努力，而后东山再起。"不以物喜，不以己悲"，你的心情，完全由你决定。

三、我不给自己的圈子划范围

做到这一点，首先要做到不给自己的身份下定义。

我认为自己可以有职业，我的职业是主持人；可以有工作，我的工作是在中国的一家电视台播报外语新闻。我对自己喜欢的职业可以从一而终，而且必须一丝不苟，但我不会放松对自己其他技能的培养和实践。其实某种职业的发展，只是对一个人某一方面技能狭义层面的开发，如果一生只做一类事，个人觉得这是对生命的浪费。

但如果你定义了自己只有职业化这一个身份，你的生活可能稍欠精彩。

全世界的很多顶尖人才，都有骨灰级的爱好。把爱好玩到专业的精神，实际上就可以被称为是一种跨界。专业化程度的跨界，就不是走过场或跑龙套了，你会因此交到不同国家的各类朋友，会感受到不同境界的彩色人生。

是圈子，就有范围；是圈子，就有边界。我乐意跟随自己的兴趣去拓展不同的领域，让此生的探索永无止境，以期践行"活出多种生活，活出多个生命"的人生观。

后来有朋友给我的行为作了个"冠冕堂皇"的解释：差异化竞争。

好吧，不会用英语说唱的阿拉伯语主持人不是好大夫。

四、我不因自己的选择而后悔

曾经在大学时期一次演讲比赛的舞台上说过这样的话：

- The American writer Smith Logan said, "There are two things to aim at in life; first, to get what you want; and, after that, to enjoy it. Only the wisest of mankind achieve the second." Now I venture to add one more element that is even more difficult to realize, that is, to enjoy failures in life. As far as I know, success and failure are what we make of them. So accept failure as readily as we embrace success. The purpose of my life is to experience as much as I can, to learn from these experiences and never stop exploring into the unfamiliar that keeps cropping up in our life.

美国作家史密斯·洛根说过：人的一生有两大目标：第一，得到你想要的东西；第二，享有你得到的东西。只有最聪明的人才能实现第二目标。我斗胆添加另外一个目标，这个目标听起来更难实现：享受生命中的失败。在我看来，无论成败，都是我们此生的亲手所为。所以，接受失败，就像我们乐意去拥抱成功一样。我愿此生尽我所能去经历，从不同的经历中博采众长；未知的世界永无止境，我愿意为自己插上一双探索的翅膀。

然而，也是在这场演讲比赛中，我收获了个人演讲比赛史上的最差成绩。

不知道是不是这段讲话真的过于"未雨绸缪"，竟预示了我在全国总决赛首轮淘汰的经历。我当时想不通，甚至后悔为了比赛自己准备了那么久，下了那么大的功夫。后来，我在回程的途中重新读了自己写的演讲稿，突然理解了，原来自己写的稿子，已然给自己的生活态度作了最好的解释。想到此，我在纸上又写上了这样的话：

付出了不一定有回报，努力了一定有收获。

当然这只是生活中遇到的一个小例子。我们每个人都会遇到这样那样的大事小情，愚以为，可以有遗憾，但不用后悔。

走到现在，不料想，当时个人对生活状态的愿景，已然幸运地变成了现实。没错，我很幸运，我踩在了生活正确的节奏上。我随心随性地实现了一个又一个的目标，做着一个又一个喜欢的事情。我好像在自己每一件遇到的事情上都可以做有所成，玩有所获，在每一场竞技中，都能赢下我想要赢下的程度。我后来发现，原来自己真的不是一个竞争者，而是乐意在生活的这场赌局上，多下点注罢了。而我下的赌注，就是我的年轻和勇气。

有人说"人生本来就是一个赌注"，我更愿意把它看作是一场博弈。对的时间，和对的人，做对的事。成功，也许就在于一个决定。

我一直对自己的名字颇感不满。一个平凡的姓，一个平凡的名，好没特色。但自从"二外"有个学妹给我翻译为"张"扬个性，"博"弈人生之后，我爱上了我的名字。

不舍收尾，含谢作别。一道向前，自勉共勉。